Peter Traub

MAGISCHE ORTE IN MITTELDEUTSCHLAND

Zwischen Harz und Dessau, Altmark und Kyffhäuser

mitteldeutscher verlag

Inhaltsübersicht

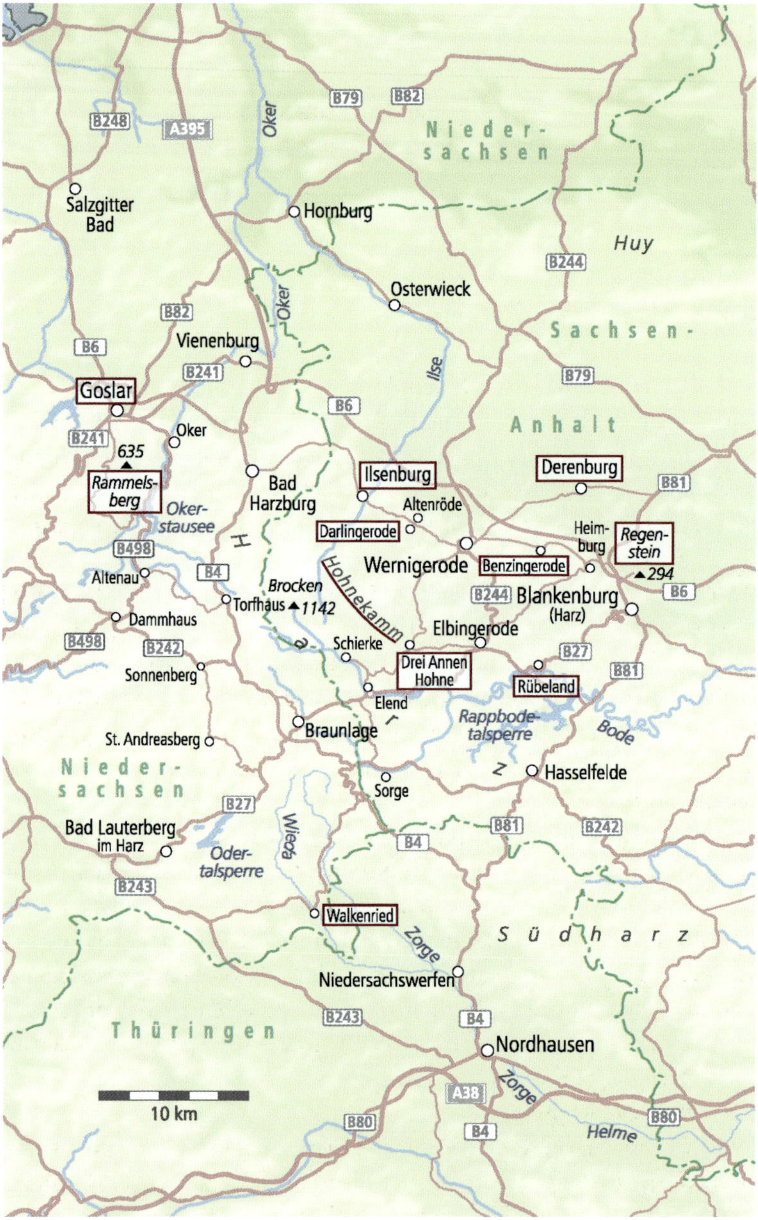
B248
A395
Oker
B79
B82
Nieder-
sachsen
Salzgitter
Bad
Hornburg
Huy
B244
Oker
Osterwieck
B82
B6
Vienenburg
Sachsen-
B241
Ilse
B79
Goslar
B6
Anhalt
B241
Oker
635
Rammels-
berg
Oker-
stausee
Bad
Harzburg
Ilsenburg
Derenburg
B81
Altenröde
Darlingerode
Heim-
burg
Regen-
stein
294
B498
Wernigerode
Benzingerode
Altenau
B4
Brocken
Hohnekamm
Torfhaus
1142
B244
Blankenburg
(Harz)
B6
Dammhaus
Elbingerode
B498
B242
Schierke
B27
Sonnenberg
Drei Annen
Hohne
Rübeland
B81
Elend
Rappbode-
talsperre
Bode
Braunlage
St. Andreasberg
Hasselfelde
Nieder-
sachsen
Sorge
B27
Wieda
B81
B242
Bad Lauterberg
im Harz
B4
Oder-
talsperre
B243
Walkenried
Südharz
Zorge
Niedersachswerfen
B243
B4
Thüringen
Nordhausen
A38
Zorge
10 km
B80
B80
B4
Helme

Route 1

Walkenried, Rammelsberg, Goslar, Ilsenburg, Darlingerode, Drei Annen Hohne, Hohnekamm, Rübeland, Benzingerode, Derenburg, Regenstein

Kloster Walkenried (N 51° 34' 58.4" E 10° 37' 08.2")

Auf den Wiesen und Obstbäumen, den Teichen und Gebäuden des ehemaligen Klosters Walkenried spielt gleißendes Sonnenlicht mit den Schatten weitereilender Wolken. Zu Mittag herrscht hier eine träumerische Stille. Kommt etwas Wind auf, trägt er das Geräusch rieselnden Wassers mit sich. Es wirkt wie ein klanglicher Hinweis auf den einstigen Reichtum der Walkenrieder Mönche.

Bedeutend waren deren Kenntnisse in Wasserwirtschaft und Baukunst. Dass sich ihnen im Südharz am Ufer der Wieda die Grundlage für eine erfolgreiche wirtschaftliche Entfaltung bot, hatten sie rasch erkannt. Ein Gründungskonvent aus zwölf Zisterziensern mit ihrem Abt kam von Kamp am Niederrhein 1129 auf Bitten Adelheids von Walkenried in den Ort und begann mit dem Aufbau des Klosters und einer romanischen Basilika.

Schon 80 Jahre später war man vermögend genug, die Basilika durch die damals größte gotische Kirche Norddeutschlands zu ersetzen. Noch heute ragen davon imposante Teile der Westfassade, der südlichen Seiten- sowie der Mittelschiffwand in den Himmel. Die gelungene Entwässerung und Nutzbarmachung des Landes ließ die Walkenrieder Mönche weithin bekannt werden. Auch als Berg- und Hüttenherren vom Rammelsberg und als solide Finanziers rühmte man sie schnell. Das Kloster wurde zu einer der einflussreichsten und wohlhabendsten Gründungen des Zisterzienserordens.

Ganz Europa verheerende Pestepidemien, Krisen des Bergbaus im Harzgebirge und die Bauernkriege führten seit dem 14. Jahrhundert zum allmählichen Verfall des prachtvollen Klosterkomplexes. Waren

Ruinen der Klosterkirche

Zisterziensermuseum

die sich ihrer Macht bewussten Mönche, der Legende nach, auch zu einem Mordkomplott gegen Martin Luther bereit gewesen, traten 1546 schließlich die letzten von ihnen zum lutherischen Glauben über.

An das Wirken all ihrer Vorgänger erinnert heute das Zisterziensermuseum im Kloster Walkenried. Mit seiner an Sinneseindrücken reichen Ausstellung lässt es den einstigen Tagesablauf der Zisterzienserbrüder auferstehen. Immer wieder versinken beim Geräusch einer sich öffnenden, dann sich schließenden Tür und eiliger, verhallender Schritte die Präsentationen über gotische Architektur, mönchische Lebensweise sowie mittelalterliche Wasserbau- und Bergbautechnik im Dämmer und es erklingen bald darauf die gregorianischen Gesänge der klösterlichen Stundengebete. Hört man genau hin, erfährt man durch eine leise Erzählerstimme, von welchen uralten Überlieferungen die gesungenen Gebetstexte handeln.

Klausurgebäude des Klosters Walkenried

Erzbergwerk Rammelsberg (N 51° 53' 24.7" E 10° 25' 07.3")

War es Ritter Rams wildes Ross, das aufstampfte und zum Erstaunen Ottos des Großen und seines Gefolges das Erz bloßlegte, oder die in der Gegend üppig verbreitete Bärlauchpflanze, Ramsen genannt, vielleicht auch das gewonnene Kupfer selbst, italienisch: rame, wodurch der Berg seinen Namen bekam? Beim Blick auf den 635 Meter hohen dunklen Rammelsberg im Süden der einstmaligen Kaiserstadt Goslar hält man alles zugleich für möglich.
Der Mönch und Chronist Widukind von Corvey überlieferte in seiner Geschichte der Sachsen, dass Otto I. zum Ende des 10. Jahrhunderts „im Sachsenland Silberadern eröffnete" und die Erzförderung in seinem Herrschaftsbereich vorantrieb. Bis ins Jahr 1988, über 1000 Jahre hinweg, blieb das Bergwerk am Rammelsberg in Betrieb. Allein wäh-

Röderstollen

Unterirdisches Wasserrad

Antriebsgestänge

Grubenbahn

Erzaufbereitungsgebäude

rend der letzten 20 Jahre, seit 1968, entriss man dem Fels über 27 Millionen Tonnen Erz. Eine Fördermenge, die nirgends sonst zur gleichen Zeit erreicht wurde.
Gold, Silber, Kupfer, Blei und Zink gewann man aus den Erzen. Dies war das metallene Fundament für den Glanz und Ruhm Goslars sowie des Klosters in Walkenried und ein wertvolles Gut deutscher Kaiser. Neuere archäologische Funde lassen inzwischen einen Beginn der Erzgewinnung in der Harzgegend ab dem 3. Jahrhundert vermuten.
Erst einmal in das Labyrinth der niedrigen, unterirdischen Gänge hinabgestiegen, entlang der sich ins Dunkel verlierenden Fördereinrichtungen, die den Berg durchziehen, will es einem scheinen, als habe der Fels einen Puls. Bald wird jedoch deutlich, dass es der eigene Herzschlag ist, der inmitten des schweigenden Gesteins recht laut werden kann.
Antriebsgestänge ruhen nun in den Stollen aus. Gewaltige Wasserräder, welche sie früher in Bewegung hielten, werden jetzt nur noch für die

Detail der Erzaufbereitungsanlage

Besucher in Bewegung gesetzt. Dank ihrer Kraft wurden die Entwässerungspumpen angetrieben und das Erz abtransportiert. Stück für Stück trugen die Bergleute das Material dafür unter den Berg und setzten dort Räder und Stangenwerke zusammen.

In größeren Hohlräumen sind dem heutigen Gast bei seinem Weg hinab Treppen aus Lichtgitterrosten behilflich. Wasser tropft durch das Metallgeflecht auf die gelben Schutzhelme, perlt ab und benetzt die Kleidung. Vom aufgeweichten Grund der abzweigenden Seitenschächte lösen sich die Schuhsohlen nur zögernd und mit einem Schmatzen. Licht ist hier knapp und scheint es plötzlich auf, überwältigt einen die fremde, intensive Farbigkeit der Vitriole, giftiger Metallsulfate, von deren Sickerungen und Ausblühungen die Wände überzogen sind.

Marktbrunnen von Goslar ▸

TOURIST INFORMATION
Henry's

Markt und Kaiserpfalz Goslar (N 51° 54' 21.3" E 10° 25' 44.5")

Männerverschlingende Drachen tragen die obere Schale des ältesten Marktbrunnens Deutschlands. Drohte der Stadt Gefahr, etwa durch Feuer, wurde dreimal kraftvoll an das untere Bronzebecken geschlagen, dessen Töne bis zum Rammelsberg hallten, um die Bergleute zu Hilfe zu rufen.

Nebenan im Rathaus drängen sich die Besucher vor dem verglasten Eingang zum Huldigungssaal, dessen Wände, einschließlich der Fensternischen und der Decke mit kostbaren Tafelgemälden ausgekleidet sind. Die Malereien auf den Holztafeln und das vielfältige Rankenschnitzwerk geben ein überwältigendes Beispiel spätgotischer Raumgestaltung. Das Vergängliche ist im unteren Teil des Bildwerkes dargestellt, versinnbildlicht durch Sybillen und Kaiser. Dagegen zeigt die Decke des Raumes die himmlische, unvergängliche Welt.

Vom Rathaus gelangt man nach einem fünfminütigen Fußweg in südlicher Richtung zur Kaiserpfalz. Von hier aus wurde im Mittelalter große Politik betrieben. 23 Reichstage erlebte die durch den Abbau ihrer Silber- und Kupfererze reiche Stadt Goslar im 11. und 12. Jahrhundert. Der letzte Aufenthalt eines Kaisers wurde auf das Jahr 1253 datiert.

Von der im Jahr 1051 geweihten kaiserlichen Stiftskirche Sankt Simon und Judas, auch als Dom bezeichnet, blieb lediglich die Vorhalle aus dem 12. Jahrhundert erhalten. Heinrich Heine schrieb darüber im Jahr 1824: „Wir leben in einer bedeutungsschweren Zeit; tausendjährige Dome werden abgebrochen und Kaiserstühle in die Rumpelkammer geworfen."

Die Sandsteinschranken des Thrones, verziert mit Tierfiguren und fabelhaften Wesen, findet man heute in der Domvorhalle aufgestellt, während im Erdgeschoss des Kaiserhauses, im Wintersaal, seine drei Lehnen aus Bronze in einer Vitrine zu betrachten sind. Im 11. Jahrhundert, zur Zeit Heinrichs IV., welcher den Gang nach Canossa wagte, angefertigt, besticht die Bronzearbeit des Kaiserstuhls durch fein gearbeiteten Blumen- und Granatapfelschmuck und durchbrochenes Rankenwerk.

◂ Kaiserpfalz

In der an das zweigeschossige Kaiserhaus anschließenden Sankt Ulrichskapelle steht ein Sarkophag. Seine Deckplatte zeigt eine Skulptur aus dem 13. Jahrhundert von Kaiser Heinrich III., dem maßgeblichen Bauherren der Pfalz, mit Zepter in der rechten und dem Modell seiner Stiftskirche in der linken Hand. Sein Kopf ist auf ein steinernes Kissen gebettet, zu seinen Füßen ruht ein Hund. Als müsste man sichergehen, dass des Kaisers ewiger Schlaf ungestört bleibt, birgt der Sarkophag in einer vergoldeten achteckigen Kapsel sein Herz, weit entfernt von den im Dom zu Speyer liegenden Gebeinen.
Manchmal geschieht es, dass ein übermütiger Gast der Stadt die Brunnenschale am Markt zum Klingen bringt und die Passanten zusammenfahren. Einen Moment lang taucht dann Goslars Marktplatz in die Vergangenheit ein und es will scheinen, als würden die Rammelsberger Bergleute erneut um rasche Hilfe gebeten.

Ilsefälle bei Ilsenburg (N 51° 50' 57.3" E 10° 39' 47.2")

Fabelhaftes Wesen am Heinrich-Heine-Weg

Wurzelwerk

Schäumende Ilse

Bemooster Findling

„Ja, die Sage ist wahr, die Ilse ist eine Prinzessin, die lachend und blühend den Berg hinabläuft. Wie blinkt im Sonnenschein ihr weißes Schaumgewand! Wie flattern im Winde ihre silbernen Busenbänder! Wie funkeln und blitzen ihre Diamanten!“, schrieb Heinrich Heine in seiner 1826 erstmals veröffentlichten „Harzreise“.
Gelbe und rotbraune Blätter segeln durch die Luft, legen sich auf den Weg und die Wasseroberfläche oder schmücken moosbewachsene Steine. Der Duft von Pilzen würzt die Herbstluft. Von Ilsenburg führt der sanft ansteigende Heinrich-Heine-Wanderweg am Ilseflüsschen entlang, zunächst zum zwei Kilometer entfernten Ilsestein, auf dem einst eine Burg stand. Luchs und Feuersalamander huschen durchs Tal. Einige Tiere sind auf der Suche nach ihren Winterquartieren. Nach einer Stunde Wanderung sind die Ilsefälle erreicht, wo der Fluss auf 1 200 Metern in Kaskaden dem Wanderer entgegenströmt.
Für Ausdauernde geht es weiter auf dem Heinrich-Heine-Weg bis zum Brockengipfel. Bei Kilometer acht der von Ilsenburg aus insgesamt

An den Ilsefällen ▸

elf Kilometer langen Strecke gelangt man zum Hirtenstieg, der einst Grenzweg war; Gras möchte hier nicht nur in, sondern über die Betonwabenplatten hinaus wachsen.
Lohn für die Anstrengung des Brockenaufstiegs winkt an der Bismarckklippe, von der aus man weit ins Land schaut zum silbrig glänzenden Eckerstausee, zum Scharfenstein und zu den entrückten Orten im Tal. Mühsam sind die letzten drei Kilometer, da eine Steigung von durchschnittlich 14 Prozent überwunden werden muss.
Auf dem Berg angekommen, fallen zu der skandinavisch anmutenden Vegetation die vielen herumliegenden Granittrümmer ins Auge: die Blockhalden, in deren eigenem Klima Eidechsen, Nordfledermäuse und viele andere Tiere Schutz finden. Ist die Sicht klar, kann man von der Brockenkuppe aus das etwa 160 Kilometer entfernte Rothaargebirge, die Rhön oder den Petersberg bei Halle an der Saale sehen. Doch selten sind hier die niederschlags- und nebelfreien Tage im Jahr, sodass eher die Möglichkeit besteht, dem „Brockengespenst“ zu begegnen, das eigentlich ein optischer Effekt ist: Der eigene Schatten, fällt er auf eine Wolken- oder Nebelschicht, wird bewegt, wenn man stillsteht.

Steinkreis von Darlingerode (N 51° 50' 57" E 10° 44' 08.1")

Dem breiten Rand einer tiefgrünen Schale gleich, erhebt sich das Harzer Bergland vor dem blassblauen Horizont. Fruchtbare Wiesen und Felder breiten sich um den nicht allzu großen Ort aus. Wie ein unwägbares Gewässer trennt die Hauptstraße die linke von der rechten Ortshälfte vor dem hinter Sträuchern und Bäumen verborgenen Friedhof.
Einst auf einem Hügel, der einen weiten Rundblick über das Land bot und zugleich den sich Nahenden ehrfürchtiges Hinaufschauen abforderte, befindet sich dort der „Altenröder Steinkreis“, eine frühe Versammlungs- und Gerichtsstätte. In seiner ursprünglichen Form erhalten geblieben, der Hügel deutet sich noch an, und in seiner Bedeutung 1830 erkannt, pflanzte man hinter jedem der Gesteinsbrocken einen Baum und legte bei dem Steinkreis den Friedhof an.

Steinkreis und Friedhof

Die Steine stehen für eine Schar Schöffen, der es oblag, über den in ihrer Mitte auf dem Distanzstein verharrenden Beschuldigten ein Urteil zu sprechen. Der Richter saß dabei auf dem Stein im Westen und blickte nach Osten. Sie alle waren dringend angehalten, bis zum Sonnenaufgang das Urteil zu verkünden. Auch Kaiser Otto III. soll im Jahr 995 an der Stelle schon über Schuld und Unschuld entschieden haben, erzählt die Legende.
Nicht oft begegnet man einer solchen Gemeinschaft von altem Gerichtsplatz und heutiger Ruhestätte. Ist etwas Zeit, darüber nachzudenken, erscheint es aber nicht befremdlich. Älter als der Steinkreis ist die Annahme der Menschen, dass Schuld und Unschuld letztlich abgewogen und entschieden werden. Wie ein Gleichnis behauptet sich so das runde Stein- und Gerichtsfeld auf dem Darlingeröder Friedhof.
In einer der Baumkronen gut versteckt, meldet sich mit „zirk" die Stimme einer Goldammer, geht dann über in ein „tirr" und lässt die begonnene Passage mit „zizizizi-zihee" ausperlen. So leicht und fröhlich in die Gegenwart zurückgerufen, wünscht man sich, die unerreichbaren Zweige zurückbiegen zu können, um einen Blick auf den kleinen Sänger mit seinem leuchtend gelben Gefieder zu erhaschen.

Brockenbahn in Drei Annen Hohne (N 51° 46' 13.2" E 10° 43' 36.8")

Es ist noch kühl und doch ein schöner Morgen auf dem 1898 errichteten Bahnhof in Drei Annen Hohne. Nur neun Kilometer entfernt, wird Wernigerode im Tal schon kräftig von der Sonne gewärmt. Aber hier, 540 Meter über NN, beinah auf halber Höhe zu der ab der Baumgrenze kahlen Brockenkuppe, dauert es noch, bis einen nicht mehr fröstelt.
Das Licht schmückt mit einem schmalen Goldrand die Silhouetten der Bahngebäude und technischen Anlagen. Und die Zeiger der Bahnhofsuhr rücken auf 10.19 Uhr vor. Unter den vielen Wartenden breitet sich Unruhe aus. Kameras werden hervorgeholt und schussbereit gehalten. Eltern rufen ihre Kinder von der Bahnsteigkante fort. Gepäckstücke werden auf dem Bahnsteig weiter vorgerückt, Wanderstöcke fester um-

Abfahrt der Brockenbahn

schlossen. „Wo bleibt sie?“, raunen sich die Erwachsenen leise zu. „Wann kommt sie, wann kommt sie?“, fragen laut die Kinder. So geht es, bis ein hoher Pfiff aus dem dichten Wald schallt. Ein zweiter folgt, ein dritter – und hinter einer Wegbiegung eilt schnaufend und stampfend die Brockenbahn hervor. Weißgraue Dampfschwaden fahren ihrer 700 PS starken Lokomotive, Baureihe 99.24, aus Schornstein und Ventilen. Die Wartenden lauschen den tiefen Bassschüben ihres Zweizylinderantriebs und stehen wie vom Zauber gerührt da, bis der Zug hält.
Dann löst sich der Bann im frohen Durcheinander der Ein- und Aussteigenden auf und die Abteilfenster spiegeln Scharen rastloser Fotografen wider. Erfahrenen Darstellern gleich, bewegen sich routiniert und ohne einander zu verdecken der Heizer und der Lokführer beim Befüllen des Wassertanks. Nach einem elfminütigen Halt muss auf das Zeichen des Bahnhofvorstehers der historische Zug nun den steilsten Streckenabschnitt bewältigen. Es sind 585 Höhenmeter bis zum Bahnhof am Brockengipfel. Die Schmalspurbahn erklimmt mit der leistungsfähigen Dampflokomotive von Drei Annen Hohne aus den mit 1 141 Metern über NN höchsten Berg Norddeutschlands in etwa 50 Minuten.

Hohnekamm (N 51° 46' 18.3" E 10° 43' 42.9")

In Drei Annen Hohne verhallt das Ächzen und Zischen der Brockenbahn. Leer ist der Bahnsteig; auf einer Bank liegt ein vergessener Regenschirm. Im Ort kehrt wieder Stille ein, die nur noch von dem Geräusch der eigenen Schritte und vom Gezwitscher der Vögel aufgehoben wird. In dem Wald zwischen Drei Annen Hohne und Schierke verirrten sich einst drei Mädchen, erzählt man. Eine alte Frau bot an, sie auf den richtigen Weg zu führen, wenn eine von ihnen einen Jäger heiraten würde. Die Mädchen lehnten ab und wurden in jene Felsklippen des Hohnekamms verwandelt, die viele Wanderer ab dem Frühjahr in das Harzgebirge locken.

Am Hotel „Kräuterhof" betritt man den Forstweg. Ein Wegweiser zeigt 3,7 Kilometer als Entfernung zur Leistenklippe an. Sie ist die höchste Erhebung des Hohnekamms – etwa 350 Höhenmeter müssen überwunden werden. Eichen, Kastanien, Buchen, Ulmen und vor allem Fichten mit ihren lachenden Ästen begleiten den Weg. Auf den Waldlichtungen blinken purpurfarben die Blüten des bis zu zwei Me-

Tagpfauenauge im Brombeerdickicht

Roter Fingerhut auf Waldlichtung

Totholz

Bewaldeter Hohnekamm

ter hochwachsenden Roten Fingerhutes. Er ist so schön wie auch giftig. Die Sagenwelt kennt ihn als Blume des Teufels oder als Kopfbedeckung der Elfen.

Verschiedenste Schmetterlinge umflattern das Brombeergesträuch. Nach einer knappen Stunde Fußweg quert man den breiten Glashüttenweg, um über den Hangweg weiter aufzusteigen, was scheinbar mühelos geschieht, da die Natur ihre Schätze in solch kurzweiliger Vielfalt präsentiert, dass man Zeit und Anstrengung vergisst. Erdfarbene Nadelteppiche und funkelnde Rinnsale – bemooste Baumstämme, windschiefe Bäume oder Fabelwesen ähnelndes Geäst. Die Luft ist gesättigt vom kräftigen, harzig-würzigen Duft der Fichten. Irgendwo in dieser Wildnis ruht der scheue Luchs, der vornehmlich in der Dämmerung oder in der Nacht jagt.

Bei der kleinen Schutzhütte, am Abhang, ergibt sich ein faszinierender Blick auf die besonnten Ortschaften im Tal. Heidelbeersträucher streifen die Füße und verführen zu einer Kostprobe ihrer tiefblauen Früchte. Schmaler und steiniger wird der Weg, und bald schon sieht man die Granitfelsen des Hohnekamms, die durch Verwitterung bizarre Formen angenommen haben. Wie von Riesen locker übereinandergestapelte Wollsäcke muten die Felstürme an. Das Pfeifen der Brockenbahn dringt bis hierher. Über Leitern erklimmt man die Leistenklippe und schaut – auf einer Höhe von etwa 900 Metern über NN – zum nahen Brocken und über die von Grün umspielten Kammgebilde hinweg weit bis ins Harzvorland. Man fühlt sich wie der Wanderer über dem Nebelmeer auf dem gleichnamigen Gemälde Caspar David Friedrichs, allerdings mit dem Unterschied, dass der Nebel diesmal ausblieb. Tatsächlich bewanderte der Maler vor gut 200 Jahren diese Gegend, um Skizzen anzufertigen.

Vom Brocken ziehen Wolken herüber. Ein rauer Wind fährt durchs Haar. Den wurzeligen Pfad abwärts durch den Urwald klettert man über umgestürzte Baumstämme, die den Pilzen und Käfern überlassen sind. Nach knapp zwei Kilometern, am Glashüttenweg, steht man vor dem Trudenstein, dessen Name auf eine Zauberin verweist. Auch auf diese Felsenklippe führen Leitern hinauf. Neben der schroffen Granitformation leuchten die roten Beeren der Eibe. Die einstmals im Harz stark

Leistenklippe

Grenzklippe und Brocken

Blick ins Tal von der Leistenklippe

verbreitete, heute geschützte Baumart wurde vor Jahrhunderten für den Bau von Armbrüsten und Bögen verwendet.
Dann flattert ein Kohlweißling voran, als wollte er den Weg zeigen. Bevor man den Wald verlässt, sind rasch zwei Walderdbeeren genascht. Und nach dreistündiger Wanderung am Bahnhof von Drei Annen Hohne wieder angekommen, wartet immer noch der Regenschirm auf der Bank. Nur vereinzelte helle Wölkchen treiben über den Hochharz hin.

Rübeländer Höhlen (N 51° 45' 16.9" E 10° 50' 35.9")

Im Tal der rauschenden Bode, neun Kilometer südöstlich von Drei Annen Hohne, liegt zwischen schroffen Felswänden der Ort Rübeland. Als im Jahr 1536 der Bergarbeiter Friedrich Baumann auf der Suche nach Erzen ins „Geisterloch", wie der Eingang der Baumannshöhle damals genannt wurde, kroch, fiel ein Tropfen Wasser von der Decke und lösch-

Wolfgangsee

Säulenhalle in der Baumannshöhle

te seine Lampe. Drei Tage lang irrte er in der Höhle umher; seine Gesellschaft bildeten, so die Überlieferung, Berggeister und Zwerge, die ihm den Ausgang zeigten. Baumann starb an den Strapazen drei Tage nach Verlassen der Höhle.

Schon in der Jungsteinzeit war die nach ihrem Wiederentdecker benannte Höhle vom Menschen genutzt worden, wie Funde von Tonscherben und Steinwerkzeugen verraten. Zudem fand man in Rübeland Knochenreste vom Höhlenbären, Mammut, Wollnashorn, Leoparden, von der Hyäne, dem Rentier und dem ausgestorbenen Riesenhirsch. Führungen durch die Baumannshöhle veranstaltete man bereits 1646, womit sie als die erste Schauhöhle Deutschlands gilt. Damals bekamen die Besucher Fackel, Grubenlicht und Arschleder ausgehändigt, um sich mitunter rutschend fortzubewegen.

Der heute gestufte und sichere Weg führt an bizarren Versteinerungen wie der „Palmengrotte", dem „Hamburger Wappen" oder der „Schildkrötenschlucht" vorbei. Der größte Raum der Höhle ist ein prächtiger Saal. Er wurde nach Johann Wolfgang von Goethe, der Rübeland gleich dreimal besuchte, benannt. Hier am Wolfgangsee, umgeben von funkelndem Tropfsteinschmuck, geben sich Hochzeitspaare vor dem Standesbeamten das Jawort. Einzigartig ist die Kulisse der Theateraufführungen. Wo, wenn nicht an diesem Ort, denkt man, wenn man den Spielplan liest: „Die Reise bis zum Mittelpunkt der Erde“ oder „Das kalte Herz“.

Die Hermannshöhle liegt nur 400 Meter von der Baumannshöhle entfernt und ist ein seltenes Beispiel für eine Flusshöhle. Man kann den einstigen Verlauf der Bode, die hier viele Gänge ausspülte, durch die ovalen Formen nachvollziehen. Seit 1932 wird die Höhle von Grottenolmen bewohnt. Die rosafarbenen, etwa 30 Zentimeter langen, aalähnlichen Schwanzlurche rudern mit ihrem seitlich abgeflachten Schwanz durch den Olmsee. Sie wurden aus dem Dinarischen Karst an diesen Ort gebracht und erreichen ein Alter von schätzungsweise 100 Jahren.

Angetan von den verletzlich wirkenden Geschöpfen, die vier Jahre ohne Nahrung auskommen können, steht man plötzlich in der Kristallkammer, wo Licht sich an einem „Rasen“ von Kalzitkristallen bricht. Durch den „Märchenwald“, in dem die zu Fabelwesen geformten Stalagmiten die Fantasie anregen, führt der Weg wieder ins Freie, und beeindruckt von den Schätzen der Unterwelt begrüßt man das Grün der Bäume auf den Felsen.

Menhire vor Benzingerode und Derenburg

(N 51° 50' 35.8" E 10° 52' 45.8")

Vom Harz her streicht der Föhn über die Hänge mit ihren Obstwiesen. Er führt weitere Wärme in das Tal und fördert den Ertrag der Felder. Fast überschwänglich will einem die Farbenvielfalt im Talabschnitt zwischen Benzingerode und Heimburg erscheinen. Ebenso vielgestaltig zeigen sich die Tierwelt und das frucht- und blütenreiche Leben am Boden.

Einem unwirschen Menschen ähnlich, hört man seitwärts die neue B6 nicht zu laut, aber beständig grummeln. Als könnte daran etwas nicht

Menhir bei Benzingerode

in Ordnung sein, dass Lerchen und Amseln aus vollem Hals singen und nur die jagenden Greifvögel sie gelegentlich zur Zurückhaltung und zu mancher Ruhepause zwingen.
Nahe der vierspurigen Bundesstraße richten sich, versteinerten Wesen gleich, Menhire vor Benzingerode und Heimburg gen Himmel, als sollten sie ihren Betrachter an etwas erinnern. Und während man noch sinnen mag, woran, ist die Antwort bereits sicher: Es ist der lange Zeitraum, den der Mensch in diesem Tal zu Hause ist. Seit etlichen Tausend Jahren sollen sich beide Steine in dem Talabschnitt befinden. Einst gab es drei weitere in ihrer Nähe, die jedoch nicht erhalten geblieben sind. Von dem Menhir bei Heimburg ist bekannt, dass aus ihm Pflastersteine geschlagen wurden. Ihm zum Gedenken hat man einen neuen Stein aufgestellt.
Von Riesen, die um ein Bauernmädchen warben, wurden diese Steine im Wettstreit hergeschleudert, erzählt eine Sage. Allerdings gerieten sie in Streit über die Gültigkeit ihres Wettbewerbs. Sie liefen wütend auseinander und die Schöne hielt vergeblich Ausschau nach dem siegreichen Freier.

Burg Regenstein (N 51° 48' 49.9" E 10° 57' 30.1")

An vorübersegelnde Schiffe erinnernd, ziehen Wolken vom Brocken kommend in Richtung Blankenburg weiter. Sie reisen über den Regenstein hinweg, an dessen 75 Meter hoher Nordseite der Blick steil in die Tiefe fällt. Dunkel sind die Legenden und Geschichten, die sich um die Regensteiner Burg und ihren Herren, Albrecht II., ranken.
Als Raubgraf in die Literatur eingegangen, wurde er auf Veranlassung des Bischofs von Halberstadt 1349 umgebracht. Im Schlossmuseum Quedlinburg ist der sogenannte „Raubgrafenkasten“ ausgestellt, in dem der Graf monatelang eingesperrt gewesen sein soll. Es ist ein eisenbeschlagenes Gefängnis von 2,75 mal 2,35 Metern, das aus massiven Fichtenbohlen zusammengefügt wurde. Durch eine nur halbmeterbreite Öffnung musste sich der Gefangene in seine Zelle zwängen.

Weg zum Regenstein

Regenstein

Ein Erbstreit um die Grafschaft Falkenstein wird als Grund der gewaltsamen Auseinandersetzung von Bischof und Graf genannt.
Von der mittelalterlichen, mit sieben Türmen ins Land ausstrahlenden Burg der Grafschaft Regenstein sind auf dem Felsengipfel noch Ruinen geblieben. Das System aus Gängen und miteinander verbundenen Räumen wurde, einschließlich der Pferdeställe, aus dem weichen Sandstein herausgearbeitet. Im 15. Jahrhundert gab man die Burg zugunsten der Blankenburger Residenz auf. Die Erblinie der Grafen von Blankenburg-Regenstein starb 1599 aus.
In der zweiten Hälfte des 17. Jahrhunderts übernahm der Kurfürst Friedrich Wilhelm von Brandenburg den Regenstein und es entstand eine Militärfestung mit mächtigen Eckbastionen. Sie musste im Siebenjährigen Krieg den Franzosen übergeben werden. Fünf Monate darauf eroberte Friedrich der Große die Festung zurück und ließ sie zerstören. Übrig blieben das Eingangstor und die Kasematten, über die das Gras wuchert und in der Abenddämmerung die Rufe der auf dem Regenstein brütenden Uhus hinweghallen.

Kaisermantel

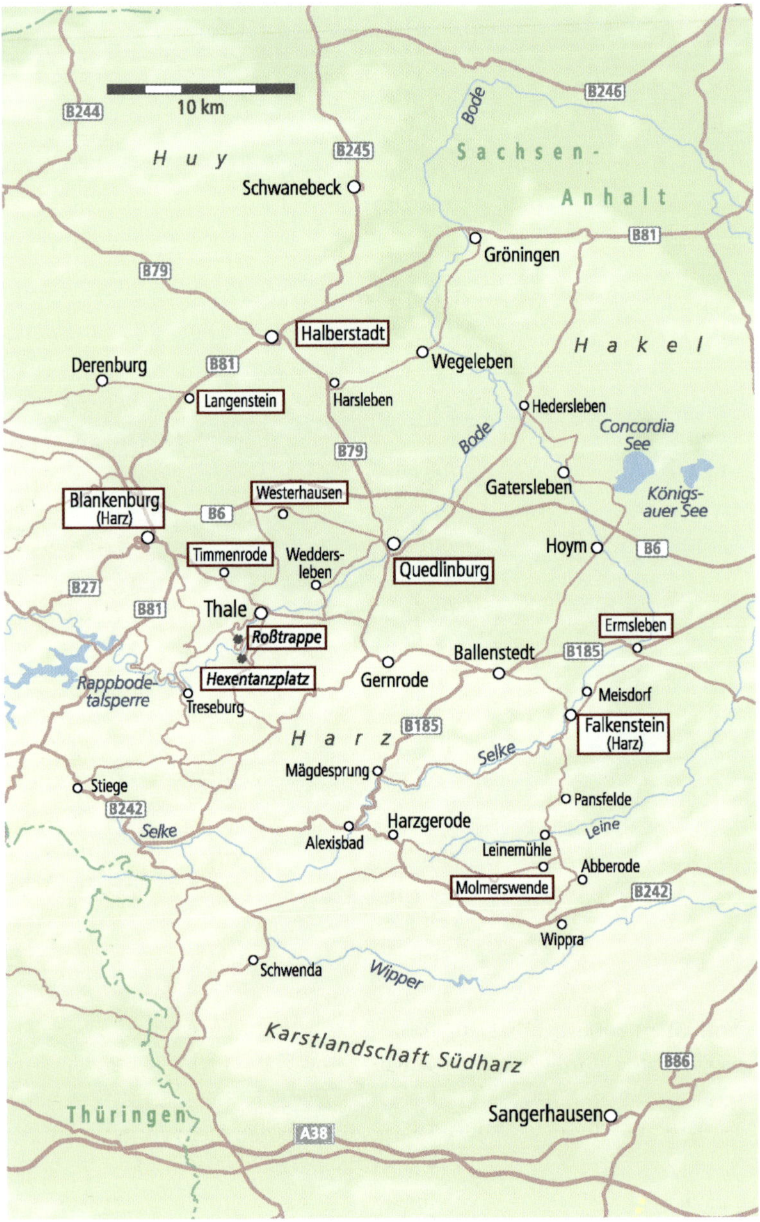
10 km
B244
Huy
B245
Schwanebeck
Bode
B246
Sachsen-
Anhalt
Gröningen
B81
B79
Halberstadt
Wegeleben
Hakel
Derenburg
B81
Langenstein
Harsleben
Hedersleben
Concordia
See
Bode
B79
Gatersleben
Königs-
auer See
Blankenburg
(Harz)
B6
Westerhausen
Hoym
B6
Timmenrode
Wedders-
leben
Quedlinburg
B27
B81
Thale
Roßtrappe
Hexentanzplatz
Ermsleben
Ballenstedt
B185
Gernrode
Rappbode-
talsperre
Treseburg
Meisdorf
Falkenstein
(Harz)
Harz
B185
Selke
Mägdesprung
Stiege
B242
Pansfelde
Selke
Alexisbad
Harzgerode
Leine
Leinemühle
Abberode
Molmerswende
B242
Wippra
Schwenda
Wipper
Karstlandschaft Südharz
B86
Thüringen
Sangerhausen
A38

Route 2

Blankenburg, Timmenrode, Hexentanzplatz, Roßtrappe, Westerhausen, Langenstein, Halberstadt, Quedlinburg, Ermsleben, Falkenstein, Molmerswende

Teufelsmauer von Blankenburg und Timmenrode

(N 51° 47' 10.8" E 10° 58' 00.2")

Wie der kammartige Rücken eines Drachen überragt die Sandsteinformation der Teufelsmauer das Randgebiet des Harzes. Auf einer Länge von 20 Kilometern tritt sie dreimal zutage. Eine Sage berichtet: Als Gott und Teufel um Eigentumsansprüche des Harzlandes stritten, gab Gott nach und versprach, der Teufel könne jenes Stück Land erhalten, das er bis zum nächsten Hahnenschrei mit einer Mauer umschlossen haben würde. Der Teufel machte sich sofort an die Arbeit. In Blankenburg begann er mit seinem Bau, über Nacht hatte er fast schon den Harzrand erreicht, doch bevor er den letzten Stein bei Ballenstedt einsetzen konnte, krähte – durch einen Trick Gottes – der Hahn. Daraufhin habe der Teufel aus Zorn sein Werk zerstört und große Lücken in die Mauer gerissen.

Verwitterung und eiszeitliche Gletscher trugen die weicheren Schichten des Höhenzuges ab. Stehen blieb das durch Kieselsäure stark verhärtete Gestein, das sich bis zu zwanzig Meter über seine Umgebung erhebt. Der Abbruch des zu Bauzwecken begehrten Sandsteins konnte in der Mitte des 19. Jahrhunderts gestoppt werden, als die Felsenkette als eines der ersten Schutzgebiete des Landes ausgewiesen wurde.

Von Blankenburg führt ein nach Baumharz duftender Waldweg zum westlichsten Punkt der Teufelsmauer und zu so urtümlichen Gesteinsbildungen wie der „Großmutter“ und dem „Großvater“, auf dessen Gipfel man über Trittmulden im Fels gelangt. In den Stein geritzte Initialen, Krustenflechten und eine üppige Vegetation begegnen dem Wanderer auf dem dreieinhalb Kilometer langen Pfad entlang der Teufelsmauer

Großvaterfelsen der Teufelsmauer

Felsstruktur

nach Timmenrode. Knorrige Traubeneichen, vom Wind geformte Kiefern, das seltene Tausendgüldenkraut und Silbergras säumen den Weg. Schwindelfreiheit vorausgesetzt, ergeben sich atemberaubende Ausblicke ins Tal.
Hangabwärts trifft man in der Sonne badende Eidechsen. Mauerfüchse, erkennbar an ihren orangefarbenen Flügeloberseiten mit braunen gewellten Querbändern und weißgekernten schwarzen Augenflecken, flattern vorüber. Die Felsformation „Hamburger Wappen" vor Timmenrode führt Kletterer in Versuchung, bevor die Teufelsmauer erst einmal verschwindet, um bald darauf zwischen Thale und Weddersleben wiedergefunden zu werden.

Hexentanzplatz bei Thale (N 51° 44' 08.2" E 11° 01' 42.5")

Stimmen vermischen sich mit dem surrenden Geräusch der Seilbahn, die zum Hexentanzplatz hinaufschwebt. Zu Fuß dauert der steile Aufstieg etwa sechzig Minuten. Am liebsten möchte man rückwärts gehen, um Ausschau nach dem Bodetal zu halten, doch der steinige Weg braucht alle Aufmerksamkeit. Kiefern halten sich an Felsvorsprüngen fest. Engelsüß, ein Tüpfelfarn, den man im Magenbitter findet, wächst in den Felsnischen. Das Beste ist, während des Aufstiegs eine Rast zu machen und wie ein Vogel vom Felsen aus gelassen in die Tiefe zu sehen.
Auf dem weitflächigen Plateau des Hexentanzplatzes treiben sich auch im Herbst sagenhafte oder als solche verkleidete Wesen herum. Es gehört der Vergangenheit an, in der Walpurgisnacht zwei gekreuzte Besen zum Schutz vor Hexerei vor die Tür zu stellen oder ein Messer ins Schlüsselloch zu stecken. Auch kein Salz wird mehr auf die Türschwellen gestreut. Männer ziehen kaum noch peitschenknallend durch die Straßen, um Ansammlungen von Hexen zu unterbinden. Goethe hat alles verändert, sagt man im Harzland, wo man aus dem „Faust" zitiert:
„Die Hexen zu dem Brocken ziehn,
Die Stoppel ist gelb, die Saat ist grün.
Dort sammelt sich der große Hauf,

Blick zum Hexentanzplatz

Herr Urian sitzt oben auf.
So geht es über Stein und Stock,
Es farzt die Hexe, es stinkt der Bock."

Heutzutage stellen in der Nacht vor dem 1. Mai die Männer den Frauen den Besen vor die Tür, um sie am folgenden Tag über ihren Ausflug zur Jahreshauptversammlung mit dem Teufel zu necken. Verhext zu werden, ist ausdrücklich erwünscht. Zu Walpurgis sind im Harz – nicht nur auf dem unwirtlichen Brocken – gleich mehrere Teufel los. Das hat sich schnell herumgesprochen. Sogar von Düsseldorf kommen Hexen auf Besen und Schrubbern angeritten, um mit Geschrei den Schnee zu zertanzen. Feuer werden entzündet. Der Teufel verliest, begleitet vom Gejohle der Hexen, von einer Anhöhe aus seine lästerliche Rede über den Schöpfer und die Engel. Sind die Feuer etwas heruntergebrannt, setzen Liebespaare zum Maisprung an. Einige auch sah man Hand in Hand über glühende Kohlen gehen.

Roßtrappe und Bodetal (N 51° 44' 04.4" E 11° 01' 03.8")

Zu einer Zeit, als Riesen sich gegenseitig mit ausgerissenen Eichen bekämpften, lebte der Riese Bodo, welcher die Königstochter Emma zu besitzen begehrte. Er verfolgte die Schöne, die auf dem Pferd vor ihm floh. Am Hexentanzplatz angelangt und den Verfolger im Rücken, wagte sie den Sprung zum gegenüberliegenden Felsen. Da wo ihr Pferd funkenregnend auf dem Stein aufsetzte, hinterließ es seinen Hufabdruck. Die Prinzessin war gerettet, doch verlor sie beim Sprung die Krone, welche mit dem Riesen in den Fluss stürzte. In einen schwarzen Hund verwandelt, bewacht seitdem Bodo die Krone in der Schlucht.

Viele lockt der Zauber der Sage zu diesem Ort. Zwei Mädchen stehen am Geländer, das die von Hand geschaffene, einem riesigen Hufeisen ähnelnde Einbuchtung im Granit umschließt, die der Regen über Nacht mit Wasser auffüllte. Eines der Mädchen wirft ein Fünfcentstück hinein. Dann lösen sie sich und laufen vor bis zum Rand der Felskanzel, wo sich der Abgrund auftut. Hier schweift der Blick

Auf der Roßtrappe

Sagenumwobener Hufabdruck

Hagebuttengestrüpp

durch das vielleicht aufregendste Felsental nördlich der Alpen. Etwa 200 Meter und nahezu senkrecht fällt die Granitwand des Roßtrappefelsens ab. Das donnernde Geräusch der Bode imaginiert einen breiteren Fluss. An einer schwer zugänglichen Klippe hält eine Eibe ihre leuchtendroten Becherfrüchte den Vögeln entgegen.

Das Tal ist mit dem Sessellift in wenigen Minuten erreicht. Zu Fuß gelangt man über die Schurre, falls sie nicht wegen Steinschlaggefahr gesperrt ist, in Serpentinen bergab. Sommerlinde, Eiche, Eibe und Buche, die silberblättrige Mondviole oder das Hain-Rispengras, dessen abstehende Blätter wie Wegweiser anmuten, sind nur wenige Beispiele des Naturreichtums der auch von Wildkatzen und Schwarzstörchen besuchten Bodeschlucht. In dem zehn Kilometer langen Tal – von Thale nach Treseburg – verbreitert sich der Fluss von sieben bis auf 25 Meter. Am Kronensumpf, unter den Wasserstrudeln, soll, wie der Name sagt, Bodo die Krone bewachen.

Forellen, Schmerlen und Bitterfische schwimmen in dem klaren Gewässer. Der Russische Bär wurde hier häufig schon angetroffen. Er sitzt gern auf den rotvioletten Blüten des Wasserdosts, um sich am Nektar zu

Über dem Bodetal

laben. Seine schwarzen Vorderflügel sind gelbweiß gestreift; die orangeroten Hinterflügel mit schwarzen Flecken geschmückt. Was Menschen so anziehend finden, die auffällige Färbung des Schmetterlings, ist eine Abschrecktracht für Vögel.

Königstein vor Westerhausen (N 51° 48' 43.1" E 11° 03' 11.8")

Bis zur weißumwölkten Brockenkuppe gelangt der Blick, springt dabei über Wald und Berghänge, Entwässerungsgräben, eilt um ausgedehnte Ackerflächen, alte verwachsene Weidenstämme und im aufkommenden Wind raschelnde Pappeln. In der Ferne ziehen Traktoren ihre Pflugscharen durch das satte, hügelige Erdreich und geländegängige Pkw tauchen als farbige Tupfer an den Feldrändern auf. Kaum gibt die Vorgebirgslandschaft zwischen Blankenburg und Thale einen Hinweis darauf, dass sich im Rücken ihres Betrachters ein Weingut befindet. Es wird dem Saale-Unstrut-Weinanbaugebiet zugerechnet und gilt als dessen nördlichstes Erzeugerunternehmen.

Kamelfelsen mit vorgelagertem Weinberg

Schützend ragt bei den sanft abfallenden Weinhängen der Königstein auf. Er leiht dem Weinberg zu seinen Füßen den Namen und ist das Wahrzeichen der Gemeinde Westerhausen. Bis 189 Meter über NN erhebt sich der Felsen. In seiner Entstehung ist er der südlich gelegenen Teufelsmauer verwandt, die wie der Königstein als Schichtrippe bei der Gebirgsbildung des Harzes hervortrat. Teile des Berggrats werden Kamelfelsen genannt, weil vom Ortsinneren her ihr Anblick verblüffende Ähnlichkeit mit diesen starken und geduldigen Wüstentieren besitzt. Vor allem sie werden gerne von kleinen Klettergemeinschaften besucht und erstiegen. Nicht alles, was dabei gesprochen wird, mag zu verstehen sein. Eines ist aber häufiger vom Gipfel aus zu vernehmen: „Ich kann dich wirklich nur schwer verstehen. Das Beste ist, du kommst einfach zu mir herauf."

Uralt soll der Wunsch sein, sich beim Königstein aufzuhalten, was archäologische Funde in der Umgebung nahelegen. Überrascht entdeckt man in der Nordwand die sogenannten Sonnenscheiben von Westerhausen. Bis heute geben die kreisrunden Gebilde von etwa einem Meter Durchmesser Rätsel auf. Die Hypothese, dass sie vielleicht nur auf die

Blick übers Harzvorland bis zum Brocken

frühe Herstellung von Mühlrädern hinweisen, gilt bei der minderen Qualität des Steins vielen als eher unwahrscheinlich.

Höhlenwohnungen in Langenstein (N 51° 51' 11.2" E 10° 59' 28.1")

Vom kräutergesäumten Bett des Goldbachs steigt man durch die Gassen des Ortes zum Schäferberg hinauf, vorbei an hellen Häuserwänden und Mauervorsprüngen, flachen Dächern und bunten Hoftüren, um nach wenigen Minuten auf der Anhöhe einer fremden, unterirdischen Wohnwelt zu begegnen. Zwischen Nadelbäumen und Buschwerk wurden in den Sandstein kleine Wohnräume geschlagen, die in ihrer Kargheit und naturbedingten Farbigkeit jeden, der sie betritt, bewegen. Mag von außen mancher, was er sieht, für eine Hobbit-Höhle halten, innen verliert sich dieser Eindruck jedoch schnell.
Landarbeiterfamilien schufen aus Mangel an Wohnraum diese Felsenunterkünfte während der zweiten Hälfte des 19. Jahrhunderts. Etwa

Höhlenwohnung am Schäferberg

Eingang zur Höhlenwohnung

30 Quadratmeter groß, umfassten sie eine Küchennische, Vorrats-, Wohn- und Schlafkammern und blieben fast ein halbes Jahrhundert lang bewohnt. Die Tagelöhner folgten damit dem Vorschlag ihrer Gemeindeoberen. Der Rat gab seine Empfehlung aufgrund einer bei den Ruinen der Altenburg und dem Schäferberg gegenüber schon vorhandenen Höhlenwohnung. Wann dort das erste Zimmer in den Fels gemeißelt wurde, ist bis heute Gegenstand der Forschung. Vermutet wird, dass im 12. Jahrhundert mit der Errichtung der Burg auf dem Langen Stein über dem Goldbach die erste Höhlenwohnung entstand. Einst sollen diese Behausungen in Langenstein zahlreich und weit verteilt gewesen sein.
Bevor die letzten der Unterkünfte aufgegeben wurden – 1910 vom Drehorgelspieler Ludwig Schmidt auf dem Schäferberg und 1916 von Karl Rindert an der Altenburg – galten sie längst als Sehenswürdigkeiten. Man sprach vom einzigen Höhlendorf Europas. Die damalige Reiseliteratur und selbst amerikanische Zeitungen widmeten sich der Gemeinde. Die Höhlenbewohner bevorzugten allerdings komfortablere Häuser, in welche sie zu Beginn des 20. Jahrhunderts mit ihren Familien

zogen. Fünf ihrer früheren Wohnstätten sind erhalten geblieben. Ein Verein widmete sich der Wiederherstellung und gewährt Wanderern, Schulklassen und Besuchergruppen Einblick in die beinah verlorengegangene unterirdische Wohnwelt.

Teufelstisch und Dom Halberstadt (N 51° 53' 45.3" E 11° 02' 53.6")

Wind kommt auf und mit zunehmender Kraft beginnt er blasse Staubwirbel auf dem großen Platz zwischen der romanischen Liebfrauenkirche, deren Turm im Süden über siebenhundert Jahre alte Glocken trägt, und dem Dom Halberstadts vor sich herzutreiben. Schneidender wird der Luftzug, rascher verdrehen sich die Sandfähnchen, bis sie mit ihren ausgelassenen Pirouetten vor die Mauern gelangen, hinter denen der Domschatz aufbewahrt wird. Dort, am Teufelstisch, zerstieben sie plötzlich in alle vier Himmelsrichtungen.
Beim Bau des gotischen Doms Sankt Stephanus und Sankt Sixtus, so

Teufelstisch vor dem Halberstädter Dom

Domplatz und Liebfrauenkirche

will es die Sage, war auch Luzifer beteiligt, allerdings in der Annahme, es würde ein Wirtshaus gebaut. Als ihm aufging, dass man ihn belogen hatte, warf er diesen gewaltigen Stein, den heute Jugendliche als Treffpunkt und Liegefläche nutzen, vor das Gotteshaus.
Halberstadt wurde schon zur Zeit der Karolinger im Jahr 804 Bischofssitz. Es war das östlichste Bistum im Frankenreich. Über viele Jahrhunderte mehrten und hüteten die Bischöfe den Kirchenschatz. Nach der Reformation setzte sich die Kirchenleitung aus Protestanten und Katholiken zusammen, eine Ausnahme, die es ermöglichte, den Schatz in seiner Vollständigkeit zu erhalten. Sein Wert: unschätzbar. Ein wesentlicher Teil der 650 Einzelstücke ist in den Räumlichkeiten des Doms ausgebreitet. In der Teppichkammer hinter Glas schimmert das Gewebe des Abraham-Engel-Teppichs. In vielen europäischen Kirchen hingen einstmals Bilderteppiche im Chor, um jenen, die weder Lesen noch Schreiben konnten, biblische Geschichten anschaulich zu vermitteln.
Auf einer Länge von etwa zehn und einer Höhe von über einem Meter erzählt der im Harzvorland hergestellte Wirkteppich aus dem 12. Jahrhundert vom Leben Abrahams: So sieht man die bei ihm und seiner Frau Sara speisenden drei Engel, seinen Holzscheite tragenden Sohn Isaak, der geopfert werden soll, und den heiligen Michael als Drachentöter.
Spannung und Staunen halten an bei der Betrachtung der vielen kunstvollen Ausstellungsstücke. Kinder sammeln sich vor dem vergoldeten Wärmeapfel, der neben seinem Lederetui ausgestellt ist. Mit einem heißen Stein gefüllt, diente er den Priestern als Handwärmer.

Schlossberg und Stiftskirche Quedlinburg

(N 51° 47' 11.4" E 11° 08' 10.5")

Von Langenstein herüber, durch die Stadt Quedlinburg an der Bode und weiter nach Badeborn zieht sich ein etwa 30 Kilometer langer Höhenzug. Der bis zu fünf Kilometer breite Bergsattel, welcher zur Har-

Blick vom Brühl zum Schlossberg

zer Schichtrippenlandschaft gehört und in seiner Entstehung mit der Teufelsmauer bei Blankenburg, Timmenrode und dem Königstein bei Westerhausen verwandt ist, teilt das nördliche Harzvorland in die Halberstädter und die Blankenburger Mulde. Erosion zerstörte Teile des Bergrückens und es bildete sich eine Senke zwischen den Sattelflanken, in der man im 10. Jahrhundert die Stadt Quedlinburg anlegte. Auf einem der Felsvorsprünge erbaute man bald eine Burg, woraus im Laufe der Zeit die Stiftskirche und das Schloss entstanden.

Quedel, einem wachsamen Hund, verdankt die Stadt ihren Namen, wird erzählt. Ob er allerdings die Bürger vor Räubern warnte und aus Dankbarkeit in das Stadtwappen und den -namen Aufnahme fand oder ob er Schrecklicheres verhinderte, ist weniger gewiss. Vielleicht war Quedel auch der Hund einer Kaisertochter, die der eigene Vater wegen ihrer großen Schönheit zur Frau nehmen wollte. Das verzweifelte Mädchen ließ sich auf den Teufel ein, der ihr versprach, sie vor dem Vater zu bewahren. Fände er sie aber dreimal nachts schlafend, müsste als Gegenleistung ihre Seele mit ihm in die Hölle. Dank ihres Hundes schlief das Mädchen nicht ein. Der Teufel aber verunstaltete ihr das Gesicht

Admiral bei der Rast

mit seinen Klauen, sodass der Vater sie nicht mehr begehrte, berichtet die Sage.

Bereits im Jahr 994 verlieh man dem Lieblingsort ottonischer Kaiser das Stadtrecht. Die überschaubaren Plätze und verwinkelten Stiege unterhalb der Stiftsburg mit ihrer romanischen Basilika verwoben sich mit einem immer dichter werdenden Wegenetz. Noch heute stößt man auf urtümliche Straßennamen wie Hölle, Pölle und Mummental.

Klug förderten die Äbtissinnen des reich begüterten Damenstifts den Handel und die weitere Entfaltung der Harzstadt. Einzigartige Zeugnisse der früheren Prachtentfaltung und Fülle bietet der Schatz der Stiftskirche Sankt Servatius dem interessierten Gast: Behältnisse aus Gold, reich verziert mit Edelsteinen, kostbare Handschriften, Tafelmalereien, Skulpturen und die fünf Fragmente eines bezaubernden Bildteppichs, der als der älteste Knüpfteppich in Europa gilt.

In den Straßenzügen der Altstadt reihen sich bis heute über 2 000 Fachwerkhäuser aneinander, vergleichbar einem seltenen Perlenkollier, das den kräftigen Hals des Schlossbergs umschmiegt. Bauart und Verzierungen der kleinen und großen Stadthäuser widerspiegeln die Stilepo-

Riesenmohn

chen von acht Jahrhunderten. Die authentische Anlage des historischen Stadtteils und seine Architektur vermögen den Besucher mühelos in eine andere Zeit zu entführen.
Südlich vom Schlossberg breitet sich der schon im Mittelalter genutzte, weitflächige Abteigarten aus. Bänke umstehen sein großes, rundes Wasserbecken. Auf rechteckigen Beeten sprießen in froher Farbenvielfalt Wildblumen. Dahinter liegt der Brühl: ein Park, den Theodor Fontane eine Art „Bois de Boulogne“ nannte und der am Ost- und Südrand von der Bode begrenzt wird. Alte Baumriesen spenden im Sommer Schatten. Rote Rosskastanie, Buche, Fichte, Eibe, Tanne, aber auch der Tulpenbaum, die geschlitztblättrige Linde und die Pyramideneiche, die man an ihrem säulenförmigen Wuchs erkennt, trifft man neben anderen Gehölzen im Brühl, wo in den Baumhöhlen Abendsegler, die zur Familie der Glattnasen-Fledermäuse gehören, tagsüber schlafen.

Konradsburg Ermsleben (N 51° 42' 51.4" E 11° 20' 49.3")

Ein Vogelschwarm durcheilt den azurfarbenen Himmel. Seine Flugmanöver sind gewagt und ausgelassen, bis er, gleich einem Betonungszeichen, über dem Berg herabsinkt, auf dem sich die Konradsburger vor etwa 1 000 Jahren eine Burg bauten. Nach 1120 bezogen die edelfreien Herren auf dem nur wenige Kilometer entfernten Falkenstein ihr neues Domizil und legten auch ihren alten Namen ab, um als Falkensteiner fortan Geschichte zu schreiben.
Benediktinermönche bewirtschafteten auf der Konradsburg ein Kloster. Im 15. Jahrhundert richteten Kartäuser, aus Erfurt kommend und nach Magdeburg weiterziehend, sich auf dem Berg ein. Man erzählt, dass die Bewohner von Ermsleben sich gegen die Herrschaft des Klosters auflehnten und es verwüsteten, wofür sie eine Strafzahlung von 800 Gulden ableisten mussten.
In dem Falkensteiner Ortsteil Ermsleben, der von der Selke durchflossen wird, gedeihen Zwiebeln, Thymian und Majoran auf den Feldern. Es ist Mittag. Auf dem Bergsporn, der schon in der Bronzezeit besie-

Klosterkirche auf der Konradsburg

delt war, angekommen, hält man vergeblich Ausschau nach der Burg oder auch nur Resten der Burg. Neben Wirtschaftsgebäuden findet man an der Stelle, wo einst der Kreuzgang der Kirche lag, ein altes zweigeschossiges Fachwerkhaus, das um einen 45 Meter tiefen, der alten Burg zugeschriebenen Brunnen errichtet wurde. In dem großen Tretrad aus Holz läuft heute kein Esel mehr, um den Wassereimer an der Kette heraufzuziehen.

Die Stille wird auf angenehme Weise von gedämpftem Gelächter unterbrochen. Einige Besucher haben sich ins Eselstretrad begeben und erproben mit Vergnügen das Technische Denkmal.

Seitlich hinter dem Brunnenhaus erkennt man rasch das Kleinod, das die Straße der Romanik für Ermsleben aufzeigt: ein Teil der ehemals dreischiffigen Klosterkirche Sankt Sixtus. Im Chor der von den Benediktinern geschaffenen Basilika stehend, überzeugt die Klarheit und Zurückhaltung des Baustils. Das Kostbarste aber ist die fünfschiffige

Krypta der Klosterkirche

Hallenkrypta unterhalb des Chores. In schöner Formenvielfalt wie spiralig gewundenen Säulen und mit Pflanzenmotiven üppig verzierten Kapitellen leuchtet der helle Kalk- und Sandstein.

Selketal und Burg Falkenstein (N 51° 40' 54.5" E 11° 15' 56.9")

Zwischen Pfeifengras, aus dem einstmals Besen gebunden wurden, den blauen Blüten Sibirischer Schwertlilien und aromatisch duftenden Arnikapflanzen entspringt in den Quellwiesen nahe der Ortschaft Stiege, ungefähr 510 Meter über NN, die Selke. Oft wird ihr Oberlauf als einer der schönsten Wildbäche des Harzes gerühmt. Die nachtaktive Westgroppe mit ihrem spindelförmigen Körper und breiten Kopf,

Burg Falkenstein ▸

Selke

Bachforellen und -neunaugen tummeln sich im klaren Wasser, und über die Strudel und Wellen gleiten Gestreifte Quelljungfern, eine gefährdete Libellenart mit smaragdgrünen Augen, deren dunkle Körper gelbe Streifen zieren.

Eisvögel, Wasseramseln und Gebirgsstelzen bewohnen die Ufer mit ihren steilen Abbrüchen, Ausbuchtungen und beruhigten Wasserzonen, wo Treibholz, hervortretende Wurzeln und Felsbrocken ihnen genügend Deckung und Schutz bieten.

Die Selke speisen etliche Gewässer auf ihrem Weg aus dem Unterharz und sie schwillt zu einem beachtlichen Fluss an. Bei Meisdorf weitet sich ihre Aue und hinter Hedersleben mündet sie schließlich in die Bode. Nicht so „süß und lieblich“ wie die Ilse, weniger zärtlich als „die düstere Schöne, die Bode [...] aber fröhlicher zeigte sich mir die schöne Selke“, beschrieb Heinrich Heine sie in seiner „Harzreise“. Röhrichte, Seggenriede und Weidengehölze flankieren ihren Lauf und auch in Ufernähe

Wiese im Selketal

spenden Eschen, Buchen und Eichen den Wanderern Schatten. An hellen Sommertagen beleben Trauerschnäpper, Kleiber, Mauersegler und farbenfrohe Falter die Fluren.
Hinter Mägdesprung, einem Ort, der seinen Namen den Fußabdrücken der Riesin Amala verdankt, die einst über die Selke gesprungen sein soll, krönt auf einem Felssporn die mittelalterliche Burg Falkenstein das Flusstal. Sie liegt 320 Meter über NN auf dem Grat der bewaldeten Talhänge, und mit ihrem mächtigen Bergfried, welcher die dicken Mauern der Kern- und der drei Vorburgen weit überragt, hält sie Ausschau bis in die benachbarten Ortschaften. Als Gast der Burgherren soll der Gelehrte Eike von Repgow zu Beginn des 13. Jahrhunderts auf dem Falkenstein am berühmten „Sachsenspiegel" gearbeitet haben, dem ältesten Rechtsbuch des deutschen Mittelalters. Den meisten Bewohnern des Selketals vertraut sind aber vielleicht eher die Märchenstoffe, deren Verfilmungen sich mit der stolzen Spornburg verbinden. Wie die Ge-

schichte von „Schneeweißchen und Rosenrot“, den zwei hübschen, mutigen Schwestern, welche ein garstiger Zwerg trotz aller Bemühungen nicht verängstigen konnte.

Leinetal und Brandbergeiche (N 51° 38' 31.6" E 11° 16' 07.7")

Will man bergauf in das feingegliederte Leinetal und an dessen rasch dahineilenden Bach entlang, umschließt bald dichtes Buschwerk den Weg und die Kronen der Bäume spenden Schatten. Vielen erscheint der Ort Leinemühle als der geeignetste Ausgangspunkt für diese Wanderung und gerne genießen sie vor dem Aufbruch noch eine Erfrischung im Garten des Gasthofs.
Weißblühende Kastanien und duftende Linden wechseln mit knorrigen Weiden, Eichen, Ahorn und den Bachwindungen folgenden Haselnussreihen ab. Fichten steigen in eng beieinanderstehenden Gruppen die sanft gerundeten Hänge hinauf. Reife, dunkle Früchte tragende Brom-

An der Leine entlang

beerranken und blaue Glockenblumen säumen den Rand des eingeschlagenen Pfades.
Südlich von den an Kräutern und Schmetterlingen reichen Talwiesen befindet sich die Gemeinde Molmerswende. Sie verdankt ihre Bekanntheit vor allem dem im Dorf am 31. Dezember 1747 geborenen Dichter Gottfried August Bürger. Trotz der Vielfalt seiner Werke ist der Pfarrerssohn vor allem für seine Übersetzung der von Rudolf Erich Raspe in London 1786 veröffentlichten „Wunderbaren Reisen zu Wasser und zu Lande des Freyherrn von Münchhausen" berühmt geworden. Und die von ihm hinzugedichteten Passagen über einen Ritt auf der Kanonenkugel sowie über die Fähigkeit, sich am eigenen Haarschopf aus dem Morast ziehen zu können, gelten längst als die fantastischsten Geschichten des von aller Welt geliebten Lügenbarons von Münchhausen.
Gegenüber im Norden steht die Burg Falkenstein auf ihrem Felshang. Und nur drei Kilometer Fußweg davon entfernt liegt das Dorf Pansfelde. Hier besuchte Gottfried August Bürger die Schule. Die Erfahrungen mit Burg und Ortschaft könnten durchaus Einfluss auf die Entstehung seiner späteren Ballade „Des Pfarrers Tochter von Taubenhain"

Bank am Wegrand

Brandbergeiche

genommen haben. Diese Vermutung nährt sich nicht zuletzt von der auf einer Anhöhe im Leinetal wachsenden Brandbergeiche und der in ihrer Nähe vor fast 250 Jahren vollzogenen Hinrichtung einer Kindsmörderin.

Der Baum, bei dem einst das schreckliche Gericht gehalten wurde, ist heute ein Denkmal. Viele Jahrhunderte lang trotzte er Wetter und Wind. Nur gemeinsam können mehrere Erwachsene mit ihren Armen den Stamm umspannen. An seinem Fuß räderte man die Molmerswenderin Elisabeth Voigtländer – ein Schild neben der Eiche weist darauf hin.

Die Chronik von Pansfelde überliefert, wie „[...] sich in Molmerswende zugetragen, daß durch liederliche Aufführung Ernst Voigtländern seine Tochter ist geschwängert worden und Büttnern sein Sohn soll Vater sein". Für diese Beziehung gab es nicht den Segen der Familien und das neugeborene Kind wurde von der Mutter Ernst Voigtländers, Elisabeth, erwürgt. In der Chronik heißt es weiter: „Das letzte Urteil brachte es endlich, daß die Mutter sollte gerichtet werden und aufs Rad geleget. Aber die Tochter ist auf freien Fuß gestellt."

Bienenweide

Umgeben von schillernden, filigranen Käfern und sich auf Gräsern und Wildblumen wiegenden Schmetterlingen trifft man schließlich auf der Anhöhe ein. Und es ergreift einen der herbe Anblick der Brandbergeiche. Ihre Silhouette ist von der Zeit rau geformt und sie steht allein auf dem Feld vor bunten Bienenkörben. Eine grobgeschnitzte Bank an ihrem Fuß bietet Platz für die Rast, und dem Besucher wird ganz allmählich das Konzert der eifrig tätigen Bienen bewusst, die im ringsum gepflanzten blasslilafarbenen Büschelschön – auch Bienenweide genannt – nach Nektar suchen.

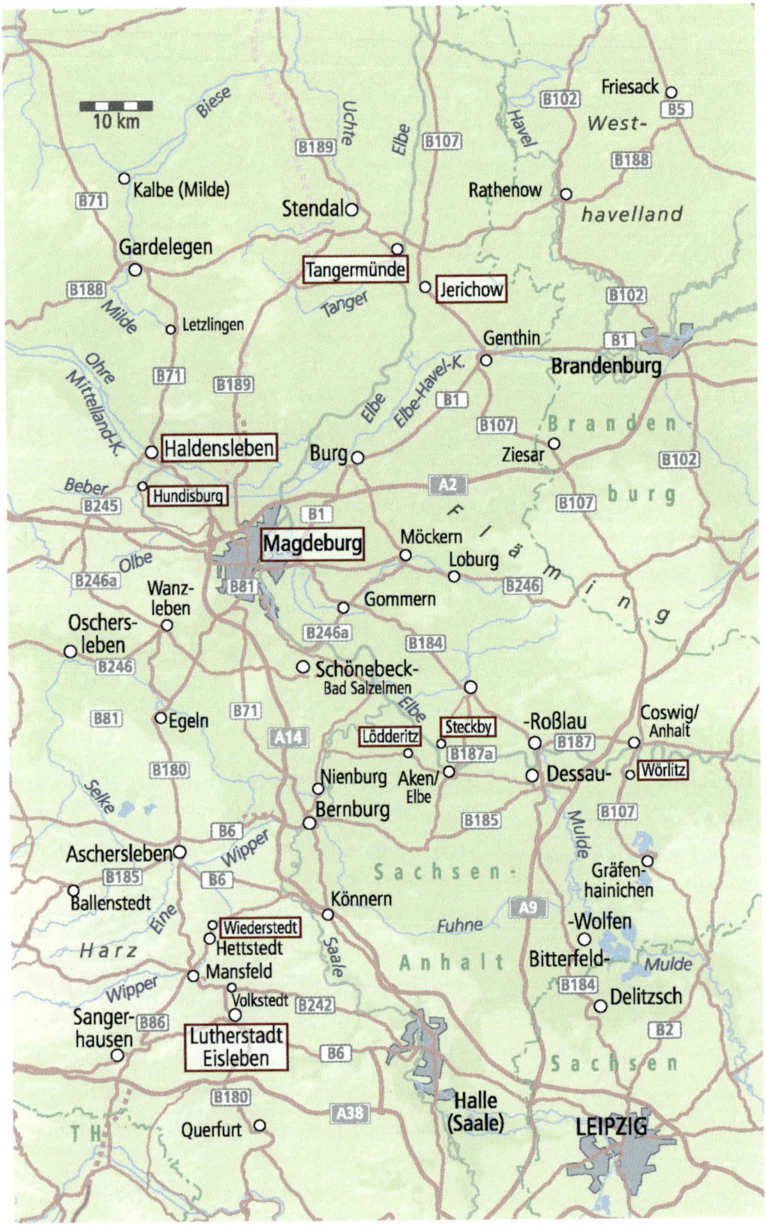
10 km
Kalbe (Milde)
Stendal
Gardelegen
Tangermünde
Jerichow
Rathenow
Friesack
West-
havelland
Letzlingen
Genthin
Brandenburg
Haldensleben
Hundisburg
Burg
Ziesar
Branden-
burg
Magdeburg
Möckern
Loburg
Fläming
Gommern
Wanz-
leben
Oschers-
leben
Schönebeck-
Bad Salzelmen
Egeln
Steckby
Lödderitz
-Roßlau
Coswig/
Anhalt
Dessau-
Wörlitz
Nienburg
Aken/
Elbe
Bernburg
Aschersleben
Ballenstedt
Gräfen-
hainichen
Sachsen-
Anhalt
Könnern
Wiederstedt
Hettstedt
Harz
Mansfeld
Volkstedt
-Wolfen
Bitterfeld-
Delitzsch
Sanger-
hausen
Lutherstadt
Eisleben
Halle
(Saale)
Sachsen
Querfurt
LEIPZIG
TH
Biese
Uchte
Elbe
Havel
Tanger
Milde
Ohre
Mittelland-K.
Elbe-Havel-K.
Beber
Olbe
Selke
Wipper
Eine
Saale
Fuhne
Mulde
B71
B188
B189
B107
B102
B5
B1
A2
B245
B246a
B81
B246
B184
B180
B6
B185
B187
B187a
B242
B86
A14
A9
A38
B2

Route 3

Eisleben, Wiederstedt, Magdeburg, Hundisburg, Haldenslebener Forst, Tangermünde, Jerichow, Steckby, Lödderitz, Wörlitz

Pyramiden vor Eisleben (N 51° 33' 01.0" E 11° 34' 00.3")

Hinter ausgedehnten Rapsfeldern steigen riesenhafte dunkle Pyramiden auf. Auf eigene Gefahr kann man bei Volkstedt dreimal im Jahr unter Aufsicht des Bergbau-Vereins die mit 153 Metern höchste von ihnen erklimmen und auf Eisleben, jene Stadt, in welcher der Reformator Martin Luther geboren wurde und auch starb, hinunterschauen.
Die Pyramiden des Mansfelder Landes sind Abraumhalden und erzählen neben vielen Sagen von der Bergbautradition, die das Mansfelder Land und seine Menschen prägte. Über 800 Jahre lang wurde hier Kupferschiefer abgebaut. Schon im Mittelalter unterschieden die Bergleute reichhaltige von armen Flözen. Zu DDR-Zeiten erreichte die Produktion ihren Höhepunkt mit einer Förderung von etwa 15 000 Tonnen Kupfer und 80 Tonnen Silber im Jahresdurchschnitt. 1990 wurde der Bergbau im Mansfelder Land eingestellt.
Heute wachsen auf dem schwermetallhaltigen Grund der Pyramiden die rosa blühende Grasnelke und der Enzian. Das seltene, bis zu zwei Meter tief wurzelnde Kupferblümchen bildet hier weiße Sternenteppiche und wird von einem der größten Tagfalter als Nektarquelle angeflogen: vom Schwalbenschwanz. Der hellgelbe, schwarzgeäderte Schmetterling mit schwalbenschwanzartig verlängerten Hinterflügeln wirkt in der Nähe des Gerölls noch zerbrechlicher. Wie ein Ofen speichert der Schotter die Sonnenwärme, was ihn bei Zauneidechsen und Kreuzottern so beliebt macht. Und den Rotmilan, der sich vom Schwarzmilan durch ein helleres, rötliches Gefieder und tiefer gegabelten Schwanz unterscheidet, sah man auf dem Abraum schon Weinbergschnecken frühstücken.
Vor Jahrmillionen tummelten sich in dieser Gegend Fischschwärme im

Pyramide vor Eisleben

Pyramidenhang

Wasser des Zechsteinmeeres, wie Liebhaber und Sammler von Fossilien berichten.
Abdrücke auf Kupferschieferplatten zeigen Schachtelhalme, Ginkgoblätter und Zweige von Koniferen. Martin Luther, dessen Vater in dieser Gegend im Bergbau tätig war und eine eigene Mine besaß, vermittelte 1535 Studenten in seiner „Genesisvorlesung", dass bei Eisleben „Gott und die Natur ihre lustige Kurtzweile auch unter der Erden haben … Ich zweifle nicht, daß es Reste der Sintflut gibt, da man, wo heute Erzgruben sind, nicht selten in Stein abgedrückte Hölzer findet. In eben diesen Steinen werden auch verschiedene Arten von Fischen und anderen Tieren entdeckt".
Nur drei Jahre später gab der Prediger der Mansfelder Grafschaft, Michael Coelius, bekannt, dass ein Bergmann gar das Bildnis des Papstes mit drei Kronen auf einer Schieferplatte fand.

Schloss Oberwiederstedt (N 51° 39' 59.1" E 11° 31' 52.0")

Ein Eichhörnchen flitzt im Park durch das Gras und klettert flink den Baum zu seinem Nest hinauf, Vogelstimmen vermischen sich zu einem Konzert und an den Obstbäumen reifen langsam die Äpfel und Kirschen. Hinter dem Laub verbirgt sich das Renaissanceschloss Oberwiederstedt. Hier im Mansfeldischen, kaum drei Kilometer von Hettstedt entfernt, wurde 1772 Georg Philipp Friedrich von Hardenberg geboren, den meisten bekannt unter seinem Pseudonym: Novalis. Der romantische Dichter leitete seinen Künstlernamen von einem alten Familienbeinamen ab: „De novali", was jemanden bezeichnet, der „Neuland rodet" oder „Neuland begeht".
Über die Ausstellung im Schloss nähert man sich der Geschichte der Familie von Hardenberg, vor allem aber der Welt des Dichters. Er studierte zunächst Jura in Jena, Leipzig und Wittenberg, dann Naturwissenschaften an der Bergakademie Freiberg in Sachsen und war schließlich in Weißenfels als kursächsischer Beamter im Salinebergbau tätig. Häufig bereiste er zu Pferd die Region für geologische Erschließungen,

Schlosspark

Renaissanceschloss

Detail Blauer Garten

etwa um Kohleflöze aufzuspüren, die er auch kartografierte. Sein Interesse für Wissenschaft und Technik war stark ausgeprägt, ihn fesselten technische Neuerungen – sein poetisches Werk entstand neben einer höchst anstrengenden Berufsarbeit. Er selbst nannte die Schriftstellerei eine Nebensache. Am 25. März 1801 starb der erst Achtundzwanzigjährige in Weißenfels an Tuberkulose.

Im Blauen Garten am Schloss Oberwiederstedt sprießen die verschiedensten blaublühenden Pflanzen aus dem Boden. Gedenkemein, aus dem 18. Jahrhundert, das häufig mit dem blasseren Vergissmeinnicht verwechselt wird, öffnet hier vom April bis Mai seine kräftig-blauen Blüten. Im Märchenrosengarten atmet man den Duft von etwa 500 Rosen und nur die eiligen Gäste versäumen, an der blauen, bis zu 120 Zentimeter hochwachsenden und stark gefüllten Novalisrose, eine Züchtung aus dem Jahr 2010, zu schnuppern.

Für die berühmte „Blaue Blume", die zum Symbol der Romantik wurde, gibt es in der Botanik keine Entsprechung. Viel erfährt man jedoch über sie in Novalis' Romanfragment „Heinrich von Ofterdingen". Und man-

Obstgarten am Schloss Oberwiederstedt

chen verleitet es, sich sommers im Schatten eines Baumes am Schloss der Lektüre hinzugeben.

Dom und Elbufer in Magdeburg (N 52° 07' 29.4" E 11° 38' 01.3")

Vom nördlichen Turm des Domes schnellt ein Falke in die Höhe. Bald darauf ertönt das Glockengeläut von Sankt Mauritius und Katharina, schallt über die Plätze und Straßenzüge der Innenstadt, die Elbe und die Alte Elbe sowie den von beiden Flussarmen umschlossenen, baumgesäumten Werder und lässt jedes andere Geräusch verblassen. Getragen und ernst ist der Gesang der fast neun Tonnen schweren Susanne, die von ihren leichteren, klangschönen Schwestern Apostolica und Dominica begleitet wird. Zusammen gelten sie als eines der gewichtigsten Barockgeläute Deutschlands, dessen Tonfülle den Augenblick zu dehnen scheint.

Magdeburger Dom an der Elbe

Herrscherpaar in der Sechzehneckigen Kapelle

An der Paradiesvorhalle des Magdeburger Domes sammeln sich die Menschen, um die berühmten Klugen und Törichten Jungfrauen zu bestaunen: zehn Sandsteinfiguren aus dem 13. Jahrhundert, die als Gleichnis von Erlösung und Verdammnis gelten. Der pulsierenden Freude in schmucken Gewändern und mit Öl gefüllten Lampen steht, einfacher gekleidet, die Verzweiflung mit leeren Lampen gegenüber. Einmal einen Blick auf diese Mädchenskulpturen geworfen, kann man sie nicht mehr vergessen; so ausdrucksstark hat sie der anonyme Bildhauermeister gefertigt.
Im Innern der Kathedrale, in einer sechzehneckigen Kapelle, halten die Plastiken eines Herrscherpaares die Betrachter im Bann. Es wird vermutet, dass sie Otto I. und seine geliebte erste Frau, die angelsächsische Editha, zeigen. Das Paar ist mit den Symbolen der Weisheit und der Freigiebigkeit – Buch und Schale – ausgestattet. Editha, die von Otto Magdeburg als Morgengabe erhielt – was das Geschenk nach der Hochzeitsnacht meint – galt dem Volkssinn als „Königin der Herzen". Eine Sage berichtet: Als sie an einem Feiertag zur Kirche ging, bat ein Bettler sie um Almosen. Weil sie aber keine Münzen bei sich trug und der Mann sich an ihrem Gewand festhielt, erlaubte sie ihm, ein Stück Stoff

Sarkophag der Editha

des kostbaren Kleides abzureißen. Wenige Stunden später wünschte ihr Gemahl, der König, sie in jenem Kleid zu sehen und gab ihr schließlich den Stoffstreifen zurück, welchen er als Bettler gefordert hatte, um seine Frau zu prüfen.

Otto heiratete nach dem Tod Edithas erneut und wurde 962 in Rom zum Kaiser gekrönt. Er wählte Magdeburg als Lieblingspfalz und förderte es als Sitz des ranghöchsten deutschen Erzbistums. Noch vor seinem Tod 973 in Memleben hatte er verfügt, hier an der Elbe beigesetzt zu werden – in der Nähe seiner ersten Frau.

Vom Domplatz zum Elbufer hinabschlendernd und einem vorüberfahrenden blau-weißen Schiff nachschauend, fragt man sich mit jener Heiterkeit, wie sie von den Plastiken des Herrscherpaares in der Sechzehneckigen Kapelle ausgeht, wohin es wohl fährt.

Kreuzgang des Magdeburger Doms

Landschaftspark, Barockgarten und Schloss Hundisburg

(N 52° 14' 57.1" E 11° 24' 01.0")

Nur langsam weicht die morgendliche Kühle an den Flüsschen Beber und Garbe, die am Schlossberg entlangfließen. Hunoldesburg wurde im Jahr 1140 die Feste auf dem Bergsporn genannt, die der Verteidigung des Erzbistums Magdeburg diente. Ab 1452 im Besitz der Familie von Alvensleben, wurde die Burg im 16. Jahrhundert zum Renaissanceschloss mit Lustgarten umgebaut. Den Bergfried findet man, ab 1654 mit einer barocken Haube geschmückt, im Südturm des Schlosses erhalten. Er wird auch Templerturm genannt, was Bezug nimmt auf den um 1313 verstorbenen letzten Templerordensmeister von Alemannien und Slawien Friedrich von Alvensleben.

Um 1700 entstand das Schloss einschließlich Park im barocken Stil. Der Braunschweiger Landbaumeister Hermann Korb war hier am Werk. Als Vorbild diente die von ihm geschaffene, heute nicht mehr existierende braunschweigische Sommerresidenz des Herzogs in Salzdahlum, deren Pracht von einer Art war, dass sie als das deutsche Versailles gerühmt wurde.

Ein Zitronenfalterpärchen überfliegt jetzt das aus dem Jahr 1738 stammende, kunstvolle schmiedeeiserne Pariser Tor, an welchem zwei Löwen das bekrönte Wappen der Familie von Alvensleben halten. Hinter ihm baut sich der Barockgarten wie eine selten schöne Musik vor dem Schloss auf, das dem Pariser Tor auf eine Entfernung von etwa 350 Metern gegenübersteht. Unter dem Blätterdach des Langen Bogengangs aus Linden geht man erhöht auf einer Mauer und überblickt die spiegelbildlichen Pflanzenarrangements. Dank der Drauf- und Fernsicht erkennt man die aufwendig gestalteten Muschel- und Lilienornamente. Drei Meter hohe Hainbuchenhecken bilden kleine Salons, wie sie in der Barockzeit für das Erzählen illustrer Geschichten oder andere Zerstreuungen aufgesucht wurden. Eine Rampe, bewachsen mit Spalierobst wie Pfirsich und Quitte, von Wein umrankt, teilt den unteren vom oberen Lustgarten. Licht fällt durch das Eingangsgitter der unterhalb der Rampe angelegten Grotte.

Im oberen Lustgarten, nahe dem Schloss, korrespondieren runde

Barockgarten

Schloss

Bogengänge

Wasserbecken mit den Zirkelornamenten der Prachtbeete. Auch zu Vogelkrallen sieht man die nur wenige Zentimeter hohen, sattgrünen Buchsbaumhecken gestaltet, die einen reizvollen Kontrast zu dem auf dem Boden ausgestreuten sandweißen Ziegelsteinmehl bilden. Blumeninseln an den Rändern setzen behutsam farbige Akzente. Die an feine Stickereien erinnernden Zierbeete waren schon von jeher der künstlerische Höhepunkt Französischer Gärten.
Hainbuchen und Kastanien wurden durch Zuschnitt in geometrische Formen gebracht. Der große Zuckerhut wird eine alte Eibe genannt, die unmittelbar vor dem Schloss steht. Vögel singen von den prächtigen Kronen alter Baumriesen herunter, die in Reihe stehend, vor dem Kurzen Bogengang Schatten werfen. Und mancher mag den der Schlossterrasse nächststehenden Baum, beim Genießen von hausgemachter Limonade oder Kuchen, mit einer Robinie verwechseln; beim genaueren Hinsehen erkennt man die langen eingeschnürten Hülsenfrüchte des Japanischen Schnurbaums.
Eine Hochzeitsgesellschaft verteilt sich im Lustgarten, einige Gäste unternehmen einen Spaziergang zum Obstgarten, in dem historische regi-

Weinstock im Lustgarten

onale Sorten kultiviert werden. Vom Großen Bogengang aus steigt man über Treppen hinab. Apfelbäume winken mit ihren rot-gelben Früchten. Pflaumen, saftige Birnen, Quitten und die seltene Mispel reifen in der sommerlichen Hitze.

An all den barocken Gartenreichtum von Schloss Hundisburg schließt ein Landschaftspark im Englischen Stil an. Der Magdeburger Kaufmann Nathusius hatte, nach dem Kauf des Klostergutes von Althaldensleben, Schloss Hundisburg im Jahr 1811 erworben und begonnen, den Park, durch den junge Mütter heute ihre Kinderwagen schieben, anzulegen. Auf einer Fläche von 100 Hektar erlebt man neben Säuleneiche, Ginkgo, Riesenlebensbaum und Gurkenmagnolie etwa 150 Baumarten.

Südwestlich des Schlosses, nur wenige Meter von der romanischen Kirchenruine Nordhusen entfernt, stößt man auf den Steinbruchsee, der mit seinen Birken und wilden Pflaumenbäumen in der Hitze des Hochsommers paradiesisch anmutet. Schnell kostet man von den kirschgroßen gelben, roten und blauen Früchten, bevor man in das klare Wasser eintaucht.

Teufelsküche und Küchentannen bei Haldensleben

(N 52° 16' 23.7" E 11° 22' 51.2")

Auf dem Parkplatz gegenüber der „Alten Ziegelei“ in Klausort werden die Wanderschuhe fest verschnürt, die aufgekrempelten Hemdsärmel heruntergestriffelt und die Mütze auf dem Kopf zurechtgerückt. Ein Wanderstock wird sich finden während des Spaziergangs durch den Haldenslebener Forst, um Brombeergesträuch sacht zurückzubiegen und fündig zu werden. In diesem Wald kann man eine Zeitreise von über 4000 Jahren unternehmen und auf einem 20 Quadratkilometer großen Areal über 80 Großsteingräber entdecken, was dieses Gebiet in Mitteleuropa so einzigartig und bedeutend macht. Prähistorische Grabstätten gab es vor der raumgreifenden Landwirtschaft und dem eifrigen Straßenbau moderner Zeit in der Umgebung von Magdeburg zuhauf. Seine zwischen Bäumen versteckte Lage und vielleicht auch der glück-

Teufelsküche

liche Umstand, dass genügend Baumaterial für Häuser zur Verfügung stand, haben das Gräberfeld in die Ära des Denkmalschutzes hinübergerettet.
Auch wenn es Legenden und Märchen nahelegen, gerät man in keine peinliche oder gefährliche Situation, sobald man sich zur „Teufelsküche“ begibt. Vom Parkplatz führt ein Pfad an der Straße B 245 entlang, der in den Wald mündet; nach wenigen Metern sieht man die Megalithanlage, die Kinder zum Versteckspiel nahezu herausfordert. Das Hünengrab „Teufelsküche“ besteht aus acht großen Tragsteinen, zwei Decksteine schließen es zum Himmel hin ab. Im Süden liegt der Eingang zur Grabkammer.
Den sogenannten Gräberweg entlang in westlicher Richtung läuft man auf die „Küchentannen“ zu. Wandermüde Besucher können von der Ortschaft Süplingen aus einen kürzeren Weg einschlagen. Es ist aber ein ganz besonderes Erlebnis, den langen Pfad durch diesen verwun-

Küchentannen

schenen, nach Harz duftenden Wald zu wählen und immerfort auf die Zeugnisse aus der Jungsteinzeit zu treffen. Einige Gräber sind als solche nur noch schwer auszumachen; ihre Findlinge liegen zerstreut, zum Teil von Erde und Laub bedeckt, einige Steine tragen ein Tarnkleid aus Moos. Die knarrenden Töne des Fichtenkreuzschnabels, von frohsinnigem Zwitschern gefolgt, lenken den Blick zu den Baumkronen, wo ein rotgefiedertes Männchen sichtbar wird.
Schon aus einiger Entfernung gewahrt man auf einer Waldlichtung die dunklen Granitfindlinge der „Küchentannen". Zwei Kinder sitzen auf den großen Decksteinen über dem Eingang. Bückt man sich tief genug, ist es möglich, die vermutlich von mehreren Generationen genutzte Grabkammer zu erkunden. Und ausgetrocknetes Laub, das der Wind herwehte, zergeht unter den Füßen.

Altstadt und Hafen von Tangermünde (N 52° 32' 30.4" E 11° 58' 35.3")

Das Signal eines Schiffshorns hallt über den Elbestrom. Für zwei, drei Sekunden ist nichts als der kraftvolle Ton zu vernehmen. Blaumeisen stieben schutzsuchend in das nahe Gebüsch. Möwen recken ihre Köpfe und schauen vom Hafenkai zum mauerumwehrten Ortskern von Tangermünde auf. Wie eine rötlich schimmernde Krone liegt die mit Toren und Türmen aus Backstein, kunstvoll gestalteten Fachwerkhäusern und Giebeln reich versehene Altstadt mit Schlossberg über dem Zusammenfluss von Tanger und Elbe.
An dem einst „Tongere" geheißenen Wasserlauf Tanger entstand bereits um 925 eine Burg. Über die folgenden zwei Jahrhunderte hinweg diente sie deutschen Königen und Kaisern als Grenzbefestigung ihres Territoriums. Der Chronist Thietmar von Merseburg nannte 1009 diese Anlage „civitate Tongeremuthi". Die gleichnamige Stadt erwähnte zum ersten Mal eine Urkunde aus dem Jahr 1275. Auf einem Felsrücken über der Flussmündung angelegt, war die Siedlung vor den jährlichen Hochwassern sicher. Schiffer mussten hier die Elbzölle entrichten.
Kaiser Karl IV., dem die goldene Stadt Prag viel von ihrem Glanz ver-

Alter Elbarm

Tangermünde

Torturm von Tangermünde

dankt, erwählte im 14. Jahrhundert Tangermünde zu seiner Zweitresidenz. Er ließ die Burg seinen herrschaftlichen Ansprüchen gemäß ausbauen und förderte die städtische Entwicklung. Noch heute erzählt man sich Legenden über die vielfältigen Vergnügungen, welche der Kaiser hier genossen haben soll.
Die Stadt über dem Tanger wuchs und war ein geachtetes Mitglied im Hansebund. Wegen der Biersteuer kam es zum Streit mit dem brandenburgischen Kurfürsten, der seine Residenz daraufhin aus Tangermünde fortverlegte. Am 13. September 1617 verschlang eine Feuersbrunst fast den gesamten Ort. In seiner ergreifenden Novelle über Margarete von Minden, auch als Grete Minde bekannt, schilderte Theodor Fontane, wem die Bürger damals fälschlicherweise den Brand anlasteten.
Anziehend für immer neue Besucher, entstand die auf den Elbestrom hinausblickende Ortschaft neu, und im Gedächtnis ihrer Bewohner blieb bis heute die unschuldige Grete Minde lebendig. Längst hat eine ansehnliche Flotte schneller und komfortabler Hotelschiffe den gastoffenen Hafen erobert und überwintert auch in seinem Schutz, sicher vor Hochwasser und Eisgang.
Durch das Elbtor gelangen die eintreffenden Gäste meist vom Hafen in die Altstadt und verteilen sich bald in den Gassen und Straßen zwischen Bürgerhäusern, denen man bis heute den Stolz ihrer Erbauer anmerkt. Oder sie steigen die Schlossfreiheit hinauf und schauen vom Kapitelturm der einstmaligen Burg, vorüberreisenden Zugvögeln gleich, über die grüne Niederung und ihre flachen Ufer, deren Saum an hellen Tagen nicht Flusswasser, sondern funkelndes Licht zu umspülen scheint.

Klosterkirche Jerichow und Klostergarten

(N 52° 30' 09.5" E 12° 00' 58.2")

Fischer nennen die Elbe zwischen Tangermünde und Jerichow ein ideales Fanggebiet, denn vom Hauptstrom zweigen beidseitig Flussarme ab. Und überflutet das Hochwasser im Frühjahr Sumpf, Wiesen und Schilf, bringt es viele Fische zu den Nebengewässern. Aal, Brasse, Plötze, Wels

Klostergarten Jerichow

Detail Hochbeet

Romanische Klosterkirche

und Zander verfangen sich dann in den Reusen. Gern auch erblickt man den Hecht, der einem slawischen Märchen nach jeden Wunsch erfüllt, wenn man ihn freilässt.
Jerichow, das um einen Buchstaben den Namen des biblischen Ortes verfehlt, wurzelt namentlich im Slawischen und war ein Fischerort mit Burgwall, als sich Prämonstratenser im 12. Jahrhundert hier niederließen, um den ostelbischen Raum zu missionieren.
Von den sattgrünen Elbwiesen her gut sichtbar sind die zwei Kirchtürme, in denen eine etwa 700-jährige Zuckerhutglocke und die historisch ebenfalls wertvolle Osanna samstags und sonntags zum Schwingen gebracht werden. Ertönt ihr Klang, öffnen die Jerichower ihre Fenster.
Sonne überschwemmt den Backstein der Klosteranlage, der orange-rot leuchtet. Der Innenraum der Kirche Sankt Marien und Sankt Nikolaus ist eine Feier romanischer Baukunst. Der Backstein verfehlt auch hier nicht seine Wirkung. Die Zurückhaltung des Baustils macht diesen Ort zu einem der Sammlung, der Konzentration auf das Wesentliche. Man

Türdetail Klosterkirche Jerichow

atmet tief ein. Über drei kleine Fenster fließt Licht in die Krypta, muschelförmiges Blattwerk ziert die Kapitelle, auf einem sieht man eine Tiermaske ein kleines Menschenwesen verschlingen.
Im weitflächigen Klostergarten, der Pflanzen zeigt, wie sie zur Selbstversorgung innerhalb der Klostermauern im Mittelalter angebaut wurden, findet man von Weidenflechtwerk eingefasste Hochbeete mit Heil- und Gewürzpflanzen. Die Düfte von Lavendel, Anis, Oregano und von den glockenförmigen Blüten des Beinwells vermischen sich auf feine Weise. Aber auch Erdbeeren, Kürbisse und Kohlsorten wachsen auf den im Vergleich zu ebener Erde erheblich wärmeren Hochbeeten.
Im Feldfruchtgarten gedeihen Getreidearten wie Hafer, Gerste, Weizen, Roggen und Emmer, eine in Vergessenheit geratene Pflanze, die zur Bierherstellung genutzt werden kann und als Zutat in Vollkornbrot einen nussigen Geschmack ergibt. Färberdistel, auch bekannt unter dem Namen Falscher Safran, Zwiebel, von deren Haut man die Farbe Orange gewinnt, und die Ringelblume für ein Zitronengelb sieht man im Färbergarten. Zäune kommen hier ganz ohne Nägel aus. Süße Früchte beugen die Zweige der Obstbäume und wollen gepflückt werden. Ein Weiß-

storch, der auf dem Schornstein des Klostercafés seinen Nachwuchs aufzieht, richtet sich auf im Nest, öffnet seine Schwingen und fliegt in Richtung Elbwiesen davon.

Steckby-Lödderitzer Forst (N 51° 55' 51.6" E 11° 56' 49.4")

Geruhsam gleiten Wasserwanderer in ihren Kanus vorüber. Ihr Ziel ist die Saalemündung einige Kilometer flussabwärts. Es besteht keine Gefahr, von zu starker Strömung erfasst zu werden, denn gering ist das Gefälle der mittleren Elbe, die in ihrem flachen, breiten Tal ausschwingen kann, Flussschlingen und Flutrinnen bildet oder alte Flussarme berührt. Auf den angewehten Dünen, östlich des Stroms, wächst das Silbergras, über dem die purpurroten Blüten der Heidenelken oder der Sandsilberscharte vom Wind bewegt werden. An den Buhnen, nahe seinem Nistplatz, hüpft ein Flussregenpfeifer, den man an seinem schwarzen Halsband und den gelben Augenringen erkennt, aufgeregt umher.

Elbe bei Breitenhagen

Am Lödderitzer Forst

Auenwälder breiten sich beidseitig der Elbe aus. In frostigen Wintern liest man den Wechsel der Wasserstände an tellerartigen Eisringen ab, die das Hochwasser an den Baumstämmen zurücklässt. Im Steckby-Lödderitzer Forst, der ein wesentlicher Teil eines der größten Auenwaldkomplexe Europas ist, zehn Kilometer nördlich von Aken, taucht man tief in die Natur ein, am besten mit Fernglas, um den scheuen Schwarzstorch in der Krone einer Eiche zu entdecken oder den Schreiadler, der seinen Horst häufig hinter Erlen- oder Buchenlaub verbirgt. Hirschkäfer saugen und lecken an der Rinde alter Eichen, wobei das Weibchen das durch seinen Geweihschmuck eher behinderte Männchen unterstützt. Singvögel naschen mit Vorliebe von den schwarzen Früchten des Roten Hartriegels, welcher mit dem Feldahorn als ein Indiz für warmes Klima in der Elbaue gilt. Langsames Gehen im Wald empfiehlt sich, um die vielen seltenen Naturschätze zu betrachten.

In Altwässern gedeiht das zerbrechliche Kleine Nixkraut; da auch wohnt Bombina bombina: die Rotbauchunke, die ihre Feinde durch die signalrote Färbung ihres Bauches auf Abstand hält. Angenagtes Holz deutet

Saale bei Barby

auf die Elbbiber hin, die hier fleißig an ihren Burgen bauen, deren Eingänge sich unter Wasser befinden.
An der Breitenhagener Gierseilfähre warten Fahrradfahrer, um über die besonnte Elbe gebracht zu werden. Sie haben auf dem schönen und ereignisreichen Elbe-Radweg in Strömungsrichtung des Flusses schon achtzig Kilometer zurückgelegt und verabreden sich für einen nächsten Besuch im kommenden Frühjahr, wenn die Vogelzüge in der Elbaue erwartet werden und die nasalen, posaunenhaften Töne des weißgefiederten Singschwans sich mit den Stimmen der rastmachenden Vögel vermischen.

Wörlitzer Park (N 51° 50' 51.5" E 12° 24' 48.6")

Zu ihm aufzubrechen bedeutet, sich einem verwirklichten Traum zu nähern. Von Anfang an war der Wörlitzer Park für jeden zugänglich, denn der Fürst, der ihn im 18. Jahrhundert anlegen ließ, wünschte sei-

Gotisches Haus

Pantheon

ne Kultur- und Naturanschauungen mit allen zu teilen und hatte sogar sein Landhaus für jedermann geöffnet. Leopold Friedrich Franz von Anhalt Dessau, vom Volksmund Vater Franz genannt, unterschied sich von seinem Großvater, der als Erfinder des Gleichschritts und unter dem Namen der „Alte Dessauer“ bekannt wurde, auf höchst erfreuliche Weise: Er verabschiedete sich schon in seiner Jugend aus dem Militärdienst und verwendete viel Eifer darauf, sein Fürstentum zu einem Landschaftsgarten umzugestalten – mit Ackerflächen im Hinterland und mehreren Reihen von Obstbäumen an den Straßen. Einige seiner Reiseerfahrungen durch Italien und England wollte er den Menschen durch Impressionen nahebringen, so ließ er in dem nach englischem Vorbild geschaffenen Park einen künstlichen, siebzehn Meter hohen Vesuv errichten, der zu festlichen Anlässen kontrolliert und gefahrlos ausbrach.

Noch an trüben Novembertagen wirkt die Weite des Wörlitzer Parks auf den Geist erhellend. Im klaren Wasser eines alten Flussarms der Elbe, welcher sanft und künstlerisch zu einer Seenlandschaft geformt wurde, spiegeln sich kräftige, hochgewachsene Bäume. Ein Schwan schwimmt vorüber und wirkt wie hingezaubert neben der noch ruhenden Pflanzenwelt. Diese entfaltet sich im Frühjahr mit den Krokussen, welche blau, weiß und gelb die ausgedehnten Wiesenflächen überfluten. Durchlässige Weg- und Blickbeziehungen auf Tempel, verschiedenartigste Brücken, anmutige Skulpturen und Gebäude verleihen dem Park Tiefe. Gondeln gleiten über den See.

Ab Mai beginnen sich die Blüten der Rhododendren zu öffnen, deren verschwenderische Pracht einige Wochen lang anhält. An den Wasserrändern leuchten dann gelb die Schwertlilien und am Gotischen Haus, das dem Fürsten Rückzugsort und Museum war, schreiten die Pfauen langsam auf und ab. Gegenüber, am anderen Ufer, grüßt das Wörlitzer Schloss, mit dem der klassizistische Baustil – nach englischem Beispiel – in Deutschland Einzug hielt. Durch seine Fenster sah der Fürst sein Gartenkunstwerk manchmal von der Elbe, die nur wenige Kilometer entfernt Zustrom von der Mulde erfährt, überschwemmt, ja teilweise zerstört, bevor der Bau einer Deichanlage im Norden den Park von der Elbaue abgrenzte.

Auf der Deichkrone entlangschlendernd, eröffnen sich zwei Perspektiven gleichzeitig: Der Blick kann in der Flussaue schweifen oder andererseits sich sammeln in der kunstvoll arrangierten Parklandschaft, wo am Wasser unbeweglich ein Graureiher steht und in der Baumhöhle einer alten Eiche tagsüber der Waschbär schläft, welcher nachts mit Wiesel und Mink im Park auf Nahrungssuche geht.

Seerosen ►

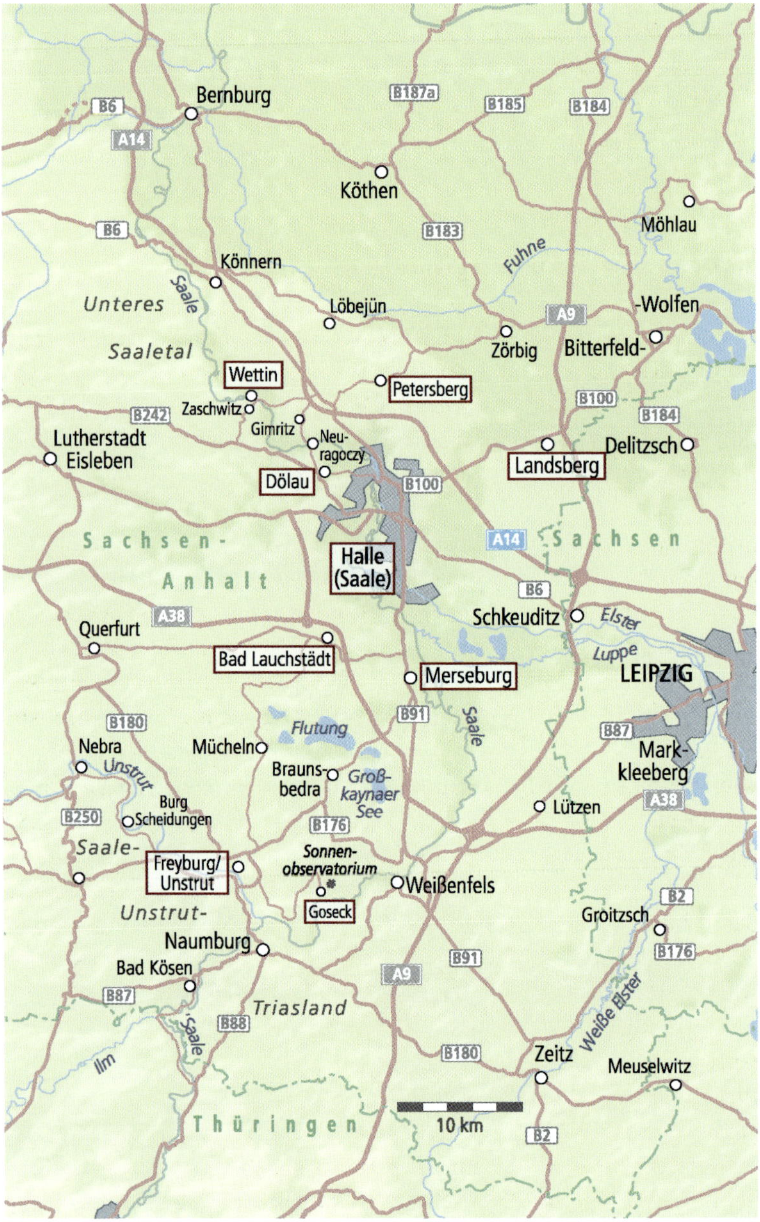
Bernburg
B6
A14
B187a
B185
B184
Köthen
B6
B183
Möhlau
Fuhne
Könnern
Saale
Unteres
Saaletal
Löbejün
A9
-Wolfen
Bitterfeld-
Zörbig
Wettin
Petersberg
Zaschwitz
B242
Gimritz
Neu-
ragoczy
B100
B184
Lutherstadt
Eisleben
Dölau
B100
Landsberg
Delitzsch
Sachsen-
Anhalt
Halle
(Saale)
A14
Sachsen
B6
Schkeuditz
Elster
Luppe
A38
Querfurt
Bad Lauchstädt
Merseburg
LEIPZIG
B180
B91
Saale
B87
Flutung
Nebra
Mücheln
Mark-
kleeberg
Unstrut
Brauns-
bedra
Groß-
kaynaer
See
Burg
Scheidungen
Lützen
A38
B250
B176
Saale-
Freyburg/
Unstrut
Sonnen-
observatorium
Weißenfels
Goseck
B2
Unstrut-
Groitzsch
Naumburg
B176
Bad Kösen
B91
A9
B87
Weiße Elster
B88
Triasland
Saale
Ilm
B180
Zeitz
Meuselwitz
Thüringen
10 km
B2

Route 4

Wettin, Petersberg, Dölau, Halle, Landsberg, Merseburg, Bad Lauchstädt, Freyburg, Goseck

Burg und Saaleübergang Wettin (N 51° 34' 51.8" E 11° 48' 44.8")

Am Zaschwitzer Ufer, wo Eschen, Erlen und Korbweiden wurzeln und im Röhricht die purpurfarbenen Blütenähren des Blutweiderichs leuchten, sammeln sich an der Fähranlegestelle Rad- und Autofahrer. Langsam gleitet die Fähre über das Wasser und verwirft das Spiegelbild der auf dem Porphyrmassiv etwa 30 Meter über der Saale stehenden Burg.

Schon zur Zeit der Karolinger befand sich an der Flussübergangsstelle ein Grenzkastell. Die Siedlung am Fuße der Burg wurde im Jahr 961 erstmals urkundlich erwähnt als Vitin; der Ortsname leitet sich von einem slawischen Personennamen her und bedeutet: Ort des Vit.

Die Stammburg der Wettiner über dem Steilhang, durch Um- und Neubau verändert, lockt seit jeher Gäste in die halbkreisförmig angelegte Stadt. Das Herrschergeschlecht erlangte durch Kurfürsten und Könige von Sachsen sowie anderen europäischen Ländern einige Berühmtheit; man begegnet ihren Domizilen in Sachsen und Thüringen auf Schritt und Tritt.

Steinkohlevorkommen sicherten einem Großteil der Einwohner der Stadt Wettin ab dem 15. Jahrhundert ein Einkommen, 1725 arbeiteten etwa 500 Bergleute in zwanzig kleinen Gruben. Als 1893 der Bergbau stillgelegt wurde, blieben der rückgängigen Bevölkerung das Fischereihandwerk, das Bierbrauen, Schifffahrt und die Korbflechterei erhalten.

Auf Kopfsteinpflaster aus rötlichem Porphyr, der in den ortseigenen Steinbrüchen abgebaut wurde, läuft man leicht vornübergebeugt die steil ansteigenden Gassen zum höchsten Punkt hinauf. Hinter dem Rathaus ergibt sich eine zaubrische Aussicht auf das Untere Saaletal: Der

Wettiner Burg an der Saale

Fluss teilt sich in drei Arme und umschmiegt seine bewaldeten Inseln. In den Kronen der Bäume brüten Kormorane, die in der Saale genügend Nahrung finden.

Seit 1991 beleben Gymnasiasten das Areal der Burg. Das Gymnasium mit besonderer Ausrichtung zur Kunst pflegt enge Beziehung zur nur zwanzig Kilometer entfernten Hochschule für Kunst und Design in Halle und hat in der Wettiner Oberburg ein Wohnheim für die vielen nicht ortsansässigen Schüler eingerichtet – mit inspirierendem Ausblick auf die Flusslandschaft.

Die Jugendlichen glauben nicht an die Gespenster, die der Überlieferung nach in Gestalt von drei Mönchen durch die Flure der Burg schlurfen, jeder mit einem Schlüsselbund in der Hand, der sie als Beschützer der Anlage ausweist.

Einige aber hören zu, wenn die Sage von der Nixe und dem Schäfer erzählt wird: Des Mannes Liebe zu der schönen Frau war so groß, dass er mit ihr auf dem Saalegrund, bei Wels, Aal und Karpfen, wohnte. Nach geraumer Zeit aber erfasste ihn Sehnsucht nach seinen Verwandten und Freunden, und als er sie besuchte, erschien ihm die Welt über Wasser

Schilf am Saaleufer

lebenswerter. Er blieb bei den Menschen, obschon die Nixe ihm Rache vorausgesagt hatte, falls er es versäumen sollte zurückzukehren. Klug mied der Schäfer von nun an die Uferflächen der Saale. Doch an einem Sommertag verspürte er beim Hüten der Schafe so starken Durst, dass er aus einer Pfütze trank, in der er sofort, von der Nixe erfasst, verschwand.

Stiftskirche auf dem Petersberg (N 51° 35' 46.5" E 11° 57' 15.9")

Im sanfthügeligen, mit Getreide und anderen Feldfrüchten intensiv bewirtschafteten Gebiet zwischen Saaletal und Fuhneaue reicht eine Felserhebung höher hinauf als alles, was sich in ihrer Umgebung befindet. Es ist der bis 250 Meter über NN aufragende Petersberg, dem ein romanischer Kirchenbau von seltener Schönheit auf dem Haupt sitzt. Wildenten und -gänse ziehen in kleinen keilgleichen Fluggeschwadern darüber hinweg und versammeln sich dann auf den kurzstoppeligen

Stiftskirche auf dem Petersberg

Herbstliche Baumkrone

oder schon umgepflügten Äckern der Umgebung zu größeren Schwärmen. Es scheint so, als ob sie die Abreise nach Süden noch ein wenig proben wollen.
Satan sei außer sich geraten über den Bau einer Kapelle auf dem Petersberg, weiß die Legende. Was sich ihm bot, um es nach dem Kirchlein zu werfen, ergriff er und schleuderte es danach. Im nördlichen Saalekreis und in der Stadt Halle finden sich seitdem die sogenannten Teufelssteine, wovon einige sogar des Höllenfürsten Fingerabdrücke tragen sollen wie der Stein an der Mühle des Gimritzer Gutes.
Als Grablege für die Grafen von Wettin errichtet, erhielt das Augustinerchorherrenstift auf dem einst Lauterberg genannten Porphyrfelsen ab 1142 eine dreischiffig und kreuzförmig gegliederte Kirche, deren eigenwilliger Reiz von ihrer Lage auf der Bergkuppe herrührt. Ihre Weihe zu Ehren des heiligen Petrus gab den Impuls für die sich später vollziehende Namensänderung hin zu Petersberg.
Die Besonderheiten des Felsbodens zwangen die Erbauer zu einem gedrängten Gebäudegrundriss. Relativ kurz wirkt das Langhaus im Verhältnis zum Westquerturm, was den Eindruck einer Insichgeschlossenheit des Baukörpers verstärkt. Trotz der Kompaktheit und Wucht geht

Laubteppich

von Sankt Petrus eine tiefe und seine Besucher rasch ergreifende Ruhe aus.

Vom Blitz getroffen, zerstörte 1565 der nachfolgende Brand große Teile der Basilika. Bedeutende Fürsprecher wie Johann Wolfgang von Goethe und Friedrich Schinkel bewirkten, dass man im 19. Jahrhundert die Stiftskirche auf den verbliebenen Ruinen schließlich wiedererrichtete. Die einstige Grabkapelle wurde zugunsten des Gesamtvorhabens jedoch entfernt.

Gelangt man von Westen her über die Alte Hallesche Straße in den gleichnamigen Ort Petersberg, hält der steil aufstrebende Westquerturm von Sankt Petrus den Blick fest. Er erinnert an ein breites, stolzes Schiffsheck und birgt in seinem Inneren eine außergewöhnliche Fracht: das prunkvolle Grabmal für die Wettiner Grafen des 12. und 13. Jahrhunderts. Es handelt sich um ein Kenotaph, ein Scheingrab, das die Gebeine der Stifterfamilie nicht mehr enthält.

Steinerne Jungfrau von Dölau (N 51° 31' 09.6" E 11° 52' 46.1")

Am nordwestlichen Saum der Stadt Halle, zwischen der Dölauer Heide, einem urigen Waldgebiet mit archäologischen Funden aus der Jungsteinzeit, und der wildschönen Porphyrlandschaft der Brachwitzer Alpen muss man sie suchen. An der Straße nach Neuragoczy, von welcher der Jungfrauenweg abzweigt zu einer Schar kleiner Gärten – da steht sie, vom Massentourismus verschont, von vielen Hallensern unentdeckt an einem Ackerrand. Getreide, Sonnenblumen und Raps umspielten abwechselnd ihre „Füße". Ihr „Körper" ist aus Quarzit. Der einst helle Stein hat im Laufe der Zeit eine dunkle Färbung angenommen.

Der Sage nach war einstmals eine junge Frau bei heftigem Regen vom Bäcker nach Hause unterwegs; an einer großen Pfütze angelangt, benutzte sie ihre Brote als Steg, um nicht durch den Schlamm zu waten, woraufhin sie zu Stein verwandelt wurde.

Die Steinerne Jungfrau ist mit knapp sechs Metern der höchste Menhir in Mitteldeutschland, den nächstgrößeren findet man erst wieder im Saarland. Der Dölauer Stein verjüngt sich nach oben hin und erweckt den Eindruck einer mit einem langen Rock bekleideten Riesin. Im 19. Jahrhundert maß der Menhir noch acht Meter, die abgebrochenen Teile liegen verstreut im Gras. Löcher und in den Stein gehauene handgeschmiedete Nägel erzählen, dass die Steinerne Jungfrau als Nagelstein benutzt wurde: Menschen versprachen sich einstmals günstigere Lebensbedingungen, etwa den Schutz vor Krankheiten oder Heilung, Jungvermählte raschen Kindersegen, wenn sie, bevorzugt bei Platzregen oder Gewitter, Nägel in den Menhir trieben.

Alte Karten bezeugen, dass mehrere Steinerne Jungfrauen an diesem Ort existierten. Doch wo sind die Schwestern geblieben? Eine unauffällige Tafel neben dem Menhir weist ihn als ein Denkmal der Jungsteinzeit, von 3600 bis 2200 vor Christus, aus. Im Verlaufe der Zeit ging die Kenntnis über die ursprüngliche Funktion solcher Steindenkmäler verloren. Vermutet wird, dass sie Verstorbene symbolisieren.

Je länger man die Steinerne Jungfrau betrachtet, umso mehr wirkt ihre Anziehungskraft. Sie ist die Verbindung zu einer längst vergangenen

Steinerne Jungfrau von Dölau

Kultur, zu Menschen, die noch keine Schrift kannten, aber schon ein Zeichen setzten, das bis heute verblüfft und die Fantasie anregt.

Stadtgottesacker in Halle (N 51° 28' 55.0" E 11° 58' 35.9")

Der erste städtische Friedhof von Halle wird weithin als eine architektonische Preziose geschätzt. Nach italienischem Vorbild als Camposanto angelegt, besitzt er eine baukünstlerische Qualität, die in Deutschland als einmalig angesehen wird.
Hat man das schmiedeeiserne Tor unter dem abwehrend und trutzig erscheinenden Südturm durchschritten, erschließt sich der von kunstvoll gestalteten Arkadenbogen umgebene Innenraum als eine bewegende Welt der Abschiede und Hoffnungen. Gefühlsbetontem Werben um Aufmerksamkeit wird Raum geschenkt und es darf sich in vielgestaltigen Kunstwerken offenbaren. Vor dem Betrachter eröffnet sich ein Theatrum mundi, ein Welttheater der Vergänglichkeit, welches im Zeitalter

Blick über den Stadtgottesacker

Sibirischer Blaustern

der Renaissance häufig und gerne als Metapher für das menschliche Dasein gebraucht wurde.

Sich dem visuellen Einklang von ranken- und blattwerkverzierten Arkaden, Marmorskulpturen, geschwärzten Metallbauten und Steinpodesten, der üppigen Pflanzenvielfalt und dem weiten Himmel darüber zu entziehen, ist schwer möglich. Wohin man auch schaut, sind berühmte Namen aus Kultur, Wissenschaft und Stadtgeschichte zu finden, wie die der Familien Händel, Francke, Olearius, Lüdecke oder Riebeck. Halles wohlhabenden Bürgern verdankt der Platz viel von seiner Einzigartigkeit.

Den Namen erhielt der Stadtgottesacker, weil er – anders als zuvor die Begräbnisplätze der Kirchen und Klöster – auf Beschluss des Stadtrats hin angelegt wurde. Der Wunsch des Kardinals Albrecht von Brandenburg, innerhalb der Stadt aus Rücksicht auf die allgemeine Gesundheit keine Verstorbenen mehr zu beerdigen, soll dafür der Anlass gewesen sein.

Arkadenbogen

Blick über den Stadtgottesacker

Blick auf den Torturm

Das Gelände des neuen Friedhofs befand sich damals östlich der Stadtmauer, bei einer Kapelle, die für den heiligen Martin erbaut worden war. Als die Pest 1350 und 1450 in Halle Tausende Opfer forderte, wurden die Toten an dieser Kapelle begraben. Der Pestgottesacker existierte, bis man 1528 an seiner Stelle den neuen städtischen Friedhof einzurichten begann.
Im Schmalkaldischen Krieg wurde die Martinskapelle zerstört und man verwendete ab 1557 ihre Steine für die wuchtigen Friedhofsmauern und die innenliegenden Grabbogengewölbe sowie für den Turmbau am Südeingang. Anfangs leitete Nickel Hofmann die Arbeiten, ein namhafter Baumeister der Stadt. Nach seinem Tod vollendeten seine Schüler Kaspar Rost und Andreas Glaser die Begräbnisanlage. Im Jahr 1594 umschlossen 94 Bogengewölbe, auch Schwibbogen geheißen, den fertiggestellten Gottesacker, der im Süden 150, im Osten 129, im Norden 123 und im Westen 113 Meter maß.
Während des Zweiten Weltkriegs wurde die Anlage sehr schwer beschädigt und ihr Wiederaufbau dauert bis heute an. Vielen scheint der März hier die schönste Jahreszeit. Dann blüht der Sibirische Blaustern und der Erdboden ist überschwemmt von den kleinen blauen Blumen.

Doppelkapelle Landsberg (N 51° 31' 33.4" E 12° 09' 50.5")

In der flachen Landschaft des nordöstlichen Saalekreises und dem angrenzenden Landkreis Nordsachsen drehen sich langsam die Windräder. Raps, Mais, Zuckerrüben und Gerste reifen auf den Feldern. Jedem, der auf der Autobahn von Leipzig nach Berlin unterwegs ist, fällt auf der Höhe von Delitzsch linkerhand die einsame Geländeerhebung auf: der Kapellenberg von Landsberg, auf dessen Gipfel die Doppelkapelle Sankt Crucis steht. Vom eingeschlagenen Weg abzukommen, um sich ihr zu nähern, ist lohnenswert, wenn nicht gar ein Muss. Im 12. Jahrhundert ließen die Wettiner auf dem Porphyrfelsen, an der Stelle, wo einst eine slawische Wehranlage stand, eine Burg erbauen, von der nur Mauerreste übrigblieben und die Doppelkapelle.

Kapellenberg von Landsberg

Eingang zur Doppelkapelle Sankt Crucis

Man empfindet sich in der Wildnis, wenn man die steile Treppe zum Plateau des Kapellenberges hinaufsteigt, am Fuß des Hanges wächst das Knäuelgras. Linden, Eschen und andere Gehölze werden von Fliederbüschen begleitet, die durch ihren Duft im Mai und Juni Falter und Spaziergänger anlocken. Das Blau der Veilchen, im zeitigen Frühjahr die zarten, gelben Blüten des Felsen-Goldsterns und das zu den Orchideengewächsen zählende Kleine Knabenkraut schmücken die Porphyrlandschaft.

Als ein kleines Schatzhaus, das selbst das Kostbarste beherbergen kann – wie den eigenen Glauben –, erscheint die romanische Doppelkapelle. Das Tympanon am Nordportal ist verwittert, doch kann man den von Engeln und Heiligen flankierten Christus in der Mandorla noch gut erkennen. Ausgewogenheit kennzeichnet den Innenraum. Die große quadratische Mittelöffnung zwischen den zwei Hauptgeschossen des Gebäudes lenkt automatisch den Blick nach oben.

Ob die zwei übereinanderliegenden Kapellen von Sankt Crucis einst die Stände trennten oder ob die Oberkapelle Privatraum und die Unterkapelle, zum Teil öffentlich, den Herrschaften mit ihren Gästen vorbehalten war, bleibt im Bereich der Vermutung.

Reich an Zier sind die Kapitelle, pflanzliche Motive wechseln mit figürlichen: So begegnet man dem Stifterehepaar und verschiedenen Ständevertretern wie dem Handwerker, Bauern, Ritter und der Nonne. In der oberen Kapelle trifft man auf eine der Legende nach am Karfreitag „blutschwitzende“ Säule, die gar vom Papst selbst – einschließlich einem Splitter vom Kreuze Jesu, welcher dem Bauwerk den Namen gab – dem Kirchlein geschenkt worden sein soll. Über eine Treppe gelangt man ins dritte Geschoss, das bei Angriffen als Rückzugsort diente.

Nicht nur für Besichtigungen – auch für Trauungen, Konfirmationen, Taufen, Gottesdienste öffnen sich die Pforten von Sankt Crucis. Und zu Konzerten breitet sich an diesem erstaunlichen Ort der Zauber von Bachmusik aus.

Dom und Schloss Merseburg (N 51° 21' 30.6" E 12° 00' 01.1")

Rau tönt die Stimme eines Raben vom Schlosshof und ruft die Erinnerung an kalte Wintertage und deren eisblaues Licht ins Gedächtnis. Noch liegt der Herbst golden über Merseburg und seinem Domberg. Auf der Brücke am Neumarkt steht ein junges Paar, das auf dem Saale-Radwanderweg von Halle herüberkam. Es blickt einem späten Ruderer auf der Saale nach. Ein Pilger holt sich bei der naheliegenden Bäckerei den Schlüssel, um sein Nachtquartier auf der Empore der Neumarktkirche Sankt Thomae zu beziehen.

Bereits im 9. Jahrhundert als „civitas Mersiburc" urkundlich vermerkt, gilt Merseburg als eine der ältesten mitteldeutschen Städte. Die vielen über den herbstfarbenen Baumkronen aufragenden Türme legen Zeugnis ab von ihrer einstigen Bedeutung und wechselreichen Geschichte. Von jeher war das Auenland von Saale, Elster und Luppe sehr fruchtbar.

Um 930 ließ Heinrich I., König des Ostfrankenreichs, auf dem Domhügel eine Pfalz bauen. Glaubt man dem Chronisten Thietmar von

Türme von Merseburg

Schlosspark Merseburg

Merseburg, lag der Ort dem König am Herzen, denn seine erste Frau Hatheburg, die er aus Liebe heiratete, stammte von hier und brachte das begehrte Land an der Grenze zum Slawenterritorium mit in die Ehe.
Bei dem Wort Kaiserstadt lächeln die Einwohner Merseburgs. Allein Kaiser Heinrich II. hielt mindestens 26 Mal hier Hof. Er und seine Gattin Kunigunde waren die Stifter des Domes Sankt Johannis der Täufer und Sankt Laurentius, dessen Grundstein vor etwa 1 000 Jahren gelegt wurde. Am Hauptportal, auf dem Flügelaltar von Lucas Cranach dem Älteren und auf dem Chorgestühl ist der Stifter abgebildet.
Der Tod, erzählt man sich, erschien höchstpersönlich im Dom, wenn ein Chorherr das Zeitliche segnen sollte. Mit einem Schlag auf dessen Stuhl im Chorraum machte der Gevatter deutlich, wer Folge zu leisten hatte, wobei er ihm eine Frist von drei Wochen gab, um sich auf die letzte Reise vorzubereiten. Auch Satan war vor Ort; er half dem verzweifelten Architekten beim Bau des Domes, worauf die sogenannten

Blick über die Saale zum Domberg

Teufelskrallen – jene rätselhaften Rillen an den Säulen im Kreuzgang – verweisen.

Dem Sagenreichtum stehen die sichtbaren Schätze des Ortes bei Weitem nicht nach. Vieles ist zu entdecken neben der romanischen Krypta, etwa die einst mit Edelsteinen besetzte und goldüberzogene Bronzegrabplatte Rudolphs von Schwaben, die Fürstengruft mit 37 Särgen, davon 20 Kindersärge, oder die kostbaren Malereien und Gewänder im gotischen Kapitelhaus, wo sich eine mumifizierte rechte Hand befindet, die Rudolf von Schwaben zugeschrieben wird. Jener war als Gegenkönig zu Heinrich IV. aufgestellt worden und verlor im Jahr 1080 in der Schlacht bei Hohenmölsen seine Schwurhand, was von den Zeitgenossen als Gottesurteil angesehen wurde. Er starb an der Verletzung einen Tag nach der gewonnenen Schlacht.

Lange im Verborgenem blieben zwei im 10. Jahrhundert von einem Schriftgelehrten auf die leere Seite einer theologischen Handschrift notierte, alte Texte. Als Merseburger Zaubersprüche wurden sie nach ihrer Entdeckung in der Bibliothek des Domstifts im Jahr 1841 weltberühmt. Über den Fund schrieb der für die Sammlung deutscher Märchen bekannte Jakob Grimm, dass er „ein Kleinod bilden wird, welchem die berühmtesten Bibliotheken nichts an die Seite zu setzen haben …“ Die Merseburger Zaubersprüche sind heidnische magische Formeln in althochdeutscher Sprache. So glaubte man in vorchristlicher Zeit, dass der Lösezauber des ersten Spruches, dessen letzte Zeile lautet: „Entspring den Haftbanden, entfahr den Feinden!“, die Befreiung aus der Gefangenschaft bewirken würde. Der zweite Zauberspruch beinhaltet einen Heilungszauber am Beispiel eines verletzten Pferdes.

Kinder stehen vor dem großen Vogelkäfig im Schlosshof und versuchen das Rabenpärchen durch krächzende Laute zur Gegenrede zu animieren. Im Schlosspark hören sie später ihren Eltern zu, die jene Sage erzählen, welche jeder Merseburger kennt: Dem Bischof Thilo von Trotha, der das Schloss im 15. Jahrhundert bauen ließ und auch den Umbau des Domes veranlasste, war ein wertvoller Ring abhandengekommen. Er verdächtigte seinen treuen Diener und ließ ihn hinrichten. Als der Ring in einem Rabennest gefunden wurde, bereute der Bischof zutiefst und ließ einen Käfig aufstellen, in dem fortan ein Rabe wohnen sollte.

Goethe-Theater und Kurpark Bad Lauchstädt

(N 51° 23' 15.9" E 11° 51' 50.9")

Vanillegelb schimmert das Goethe-Theater, welches den kleinen Ort so berühmt macht, durch das Laub der Bäume. 1802 wurde es eingeweiht. Johann Wolfgang von Goethe selbst stellte damals und für die weiteren Jahre den Spielplan auf. Zur Eröffnung des Hauses erklang nach einem Vorspiel des Dichters die Mozart-Oper „Titus".

Seit 1761 wurde in Bad Lauchstädt – von seinen Besuchern gerne auch das sächsische Pyrmont genannt – das Badepublikum mit Theateraufführungen beglückt. Die erste sogenannte Komödienbude maß weniger als 30 mal 50 Fuß. Um 1800 war sie in einem solchen Zustand, dass der Regen auf die Zuschauer, die Bühne und in einige Garderobenräume fiel. Von den Studenten wurde sie deshalb als Schafhütte bezeichnet. Diese Widrigkeiten führten schließlich zum Neubau eines Theaters – des Goetheschen Musentempels. Kaufleute aus Leipzig, der hohe und niedrige Adel von Thüringen, Preußen und Sachsen, Dichter und Philosophen lustwandelten in den Kuranlagen und wünschten Unterhaltung.

Herzogspavillon im Kurpark

Kurhaus

Vor allem aber belebten ab 1771 bis 1806 die Studenten aus dem damals preußischen Halle, aufgrund des durch pietistische Kreise durchgesetzten Verbots von jederart Schauspiel in der Stadt und im Umkreis von zwei Meilen, das kursächsische Luxus- und Modebad. Wöchentlich 300 Studenten spektakelten in den Kuranlagen, tranken ergiebig, rauchten den Knaster von Apolda und knallten mit ihren Peitschen, was der adligen Gesellschaft entschieden zu weit ging, sodass das Rauchen und Peitschenknallen an manchen Stellen des Parkareals verboten wurde.
Gediegener geht es – auch ohne Adel und trotz einiger Studenten – im Jahr 2015 zu. Es ist 14.20 Uhr, zehn Minuten vor Vorstellungsbeginn. Damen in feinen, luftigen Sonntagskleidern und Herren in festlicher Garderobe stehen an diesem Sommertag auf dem Theatervorplatz und in der kleinen Vorhalle, wo die zumeist vorbestellten Veranstaltungskarten verkauft und Getränke angeboten werden. An Sekt, Kaffee oder dem Bad Lauchstädter Mineralwasser sich erfrischend, laufen die Theatergäste im hufeisenförmigen Wandelgang auf und ab, der den Zuschauerraum umgibt. Das Publikum nimmt auf den rotgepolsterten Sitzen des kleinen schönen Saales allmählich Platz. Ursprünglich saß man ohne

Detail Kurpark

Lehnen auf den Polstern. Ein leises Hüsteln ertönt vom Balkon mit seinen Logen. Über den Köpfen der Zuschauer spannt sich eine Zeltdecke nach antikem Vorbild. Die Musiker im Orchestergraben beginnen, ihre Instrumente zu stimmen. Wer einmal hierherkommt, will das Theater mindestens noch ein zweites Mal besuchen.
Nach der Vorstellung sieht man Donna Elvira aus Mozarts „Don Giovanni", die wegen ihrer wundervollen Stimme wie nicht von dieser Welt schien, in Jeans und ohne Perrücke durch den Kurpark schlendern. Die Eleganz des einstigen Luxusbades kann man noch vom barocken Kurhaus oder dem Herzogspavillon, einem Fachwerkbau, ablesen. Die „Krambuden" der Kolonnaden werden neugierig in Augenschein genommen. Im Freiluftcafé bestellt man Kuchen, Eisbecher und Limonade. Vögel singen in den Bäumen. Und ein Paar schlendert Hand in Hand um die Brunnenkammer der Heilquelle, die den Mittelpunkt des Parks bildet.

Neuenburg bei Freyburg (N 51° 12' 31.1" E 11° 46' 36.1")

In den tausend Jahre alten Weinbergen reifen die Trauben und füllen sich langsam mit Süße. Die Unstrut hat hier ein tiefes Tal geschaffen; eine Anmutung von Süden überkommt einen, geht man an den Weinhängen entlang. In den malerischen Weinberghäuschen ruhen die Geräte für die Lese aus. Wanderer sitzen in den Winzerkellern oder davor an weißen Tischen, um den feinfruchtigen Rebensaft zu kosten.
Über dem östlichen Ufer der Unstrut, von violettem Flieder umblüht, liegt zwischen den Weinterrassen die im 11. Jahrhundert vornehmlich aus regionalem Muschelkalk erbaute Neuenburg – neben der Wartburg die bedeutendste Burg der Grafen von Thüringen. Sie war ein strategisch wesentlicher Bau an der östlichen Grenze des landesgräflichen Territoriums.
Von den drei Bergfrieden blieb allein der auf einer Anhöhe stehende Dicke Wilhelm der Vorburg erhalten, der 14 Meter Durchmesser und etwa 23 Meter in der Höhe misst und mit Kamin ausgerüstet, wohl als

Von Flieder umblühte Neuenburg

Landschaft bei Freyburg

Pferdekoppel

Wohnturm genutzt wurde. Seine Mauern sind knapp drei Meter stark. Im oberen Stockwerk beherbergt er heute eine Sammlung alter Uhren und bietet eine bezaubernde Aussicht in das Tal.
Zur Kernburg mit Schloss gehört eine Doppelkapelle, die als das Schmuckstück der Gesamtanlage bezeichnet wird. Reich an mittelalterlicher Ornamentik, blieb der obere Sakralraum der Grafenfamilie vorbehalten, während der untere, die sogenannte Leutekapelle, den übrigen Burgbewohnern offenstand.
Der Gründer der Neuenburg, Ludwig der Springer, blieb bis in die heutige Zeit bekannt. Eine Legende berichtet: Zu einem Fest auf die Burg Nebra geladen, verliebte er sich in die Pfalzgräfin Adelheid von Sachsen. Als ihr Gatte bei der Jagd getötet wurde, fiel der Verdacht auf ihn. Der Bruder des getöteten Pfalzgrafen erwirkte beim Kaiser, dass über Ludwig die Reichsacht verhängt wurde. Zwei Jahre und acht Monate saß der Thüringer Graf im Kerker auf der Burg Giebichenstein. Allein der

Herzoglicher Weinberg Freyburg

Kaiser war befugt, Gericht über ihn zu halten, doch dieser war außer Landes. Durch einen Sprung in die Saale vom heute zur Stadt Halle gehörenden Giebichenstein, welcher ihm später den Beinamen der Springer einbrachte, soll sich Ludwig befreit haben.
Jenseits der Legende ist über den Grafen zu sagen, dass durch die Heirat der schönen Pfalzgräfin ihm das Gebiet um Freyburg und Naumburg zufiel und er mit Adelheid in die Neuenburg einzog.

Sonnenobservatorium von Goseck (N 51° 11' 56.9" E 11° 51' 53.7")

Auf einem Stück Grasland, das von großflächigen Feldern und Wald umgeben ist, steht man vor der Kreisgrabenanlage von Goseck. Sie besitzt einen Durchmesser von etwa 75 Metern, wurde vor ungefähr

Sonnenobservatorium Goseck

7 000 Jahren angelegt und ist, den Archäologen zufolge, das älteste Sonnenobservatorium Europas. Manche glauben auch Bezüge zu der deutlich jüngeren Himmelsscheibe von Nebra zu erkennen, deren Fundort nur 25 Kilometer entfernt liegt.

Im Jahr 1991 während eines Erkundungsfluges entdeckt, wurde die jungsteinzeitliche Anlage 2005 wiederaufgebaut. Ihre ringförmig sie umschließenden, zweieinhalb Meter hohen Palisaden bestehen aus insgesamt 2 300 Eichenstämmen und sie sowie der ihnen vorgelagerte Erdwall und -graben bestärken im näherkommenden Besucher das Gefühl der achtungsgebietenden Besonderheit dieses Ortes. Mit jedem Schritt bis vor eins der drei großen Tore in der hölzernen Umwandung gewinnt der Eindruck an Kraft, dass die Annäherung einen allmählich kleiner werden lässt. Auch beim Spaziergang zwischen den Palisaden will sich dieser Eindruck nur langsam verlieren.

Hat man schließlich den kreisrunden leeren Platz im Inneren des Sonnenobservatoriums erreicht, überrascht die ausgezeichnete Akustik. Von jedem entfernten Punkt ist ein in der Mitte der Anlage gesprochenes Wort gut zu vernehmen. Man geht davon aus, dass dieser Raum

Rosenkäfer auf Blütendolde

nicht nur der Bestimmung von Sommer- und Wintersonnenwende gewidmet war. Funde bestätigen, dass es sich auch um einen für Feste und Opferungen geweihten Ort handelte, an welchem ebenso Gericht und Markt abgehalten wurden. Rinderschädel an den Torpfosten und kultische Bemalungen auf den Palisadenhölzern sollen schon von Weitem die Herannahenden auf die herausragende Stellung der Kreisgrabenanlage von Goseck hingewiesen haben.

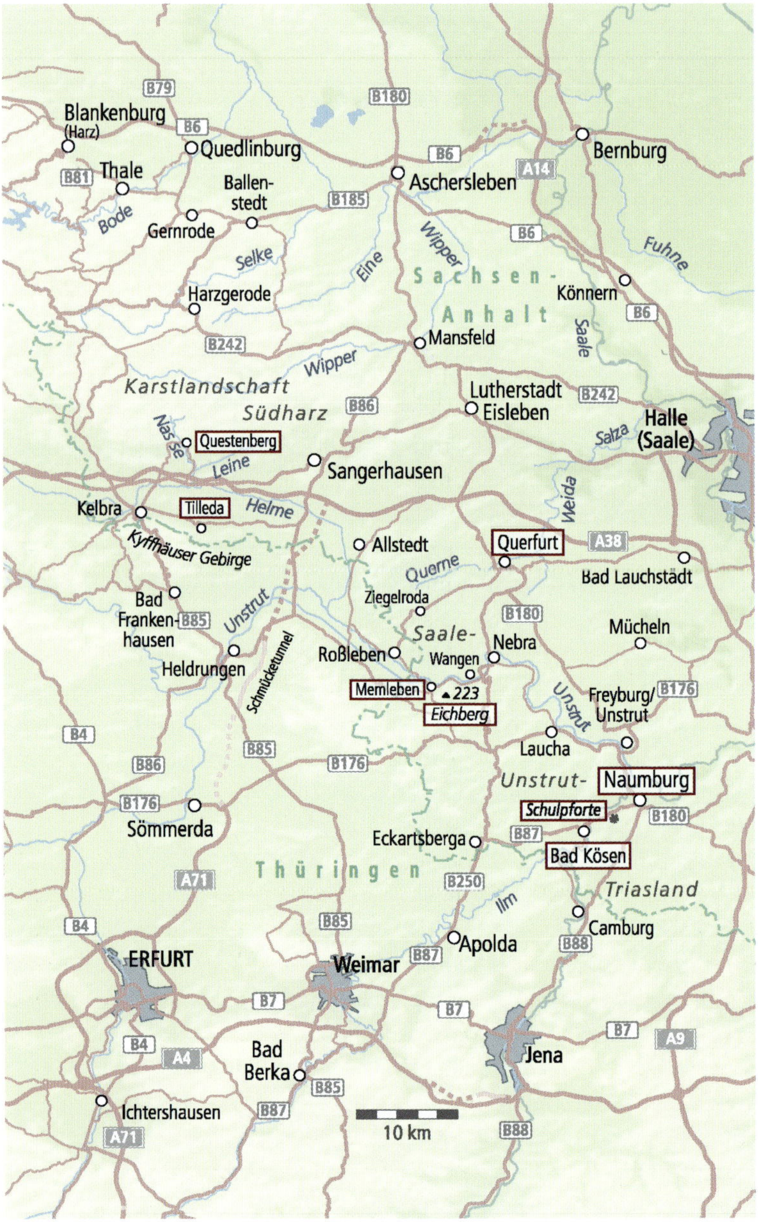

Blankenburg (Harz)
Quedlinburg
Thale
Ballenstedt
Gernrode
Bode
Selke
Harzgerode
Aschersleben
Bernburg
Wipper
Eine
Sachsen-Anhalt
Könnern
Fuhne
Saale
Mansfeld
Karstlandschaft Südharz
Lutherstadt Eisleben
Halle (Saale)
Salza
Nasse
Questenberg
Leine
Sangerhausen
Kelbra
Tilleda
Helme
Weida
Kyffhäuser Gebirge
Allstedt
Querfurt
Bad Lauchstädt
Querne
Ziegelroda
Bad Frankenhausen
Unstrut
Saale-
Mücheln
Roßleben
Nebra
Wangen
Heldrungen
Schmücketunnel
Memleben
223
Eichberg
Freyburg/Unstrut
Lauchа
Unstrut-
Naumburg
Schulpforte
Sömmerda
Eckartsberga
Bad Kösen
Thüringen
Triasland
Ilm
Camburg
Apolda
ERFURT
Weimar
Jena
Bad Berka
Ichtershausen
10 km
B79
B180
B6
A14
B81
B185
B242
B86
A38
B85
B176
B4
B87
B250
A71
B7
A4
A9
B88

Route 5

Naumburg, Schulpforte, Bad Kösen, Memleben, Eichberg, Querfurt, Questenberg, Tilleda

Dom in Naumburg (N 51° 09' 15.5" E 11° 48' 16.2")

„Wenn Sie mich fragen würden, um einmal dieses nette Gedankenspiel zu machen, mit welcher Frau in der Geschichte der Kunst oder der Bildhauerei ich mich gerne zum Abendessen verabreden und einen gemeinsamen Abend verbringen würde, wäre da zuerst Uta von Naumburg", schrieb der italienische Schriftsteller Umberto Eco in seiner „Geschichte der Schönheit".
Uta von Ballenstedt ist die berühmteste der lebensgroßen Stifterskulpturen im Westchor des Naumburger Domes. Der leichte Silberblick steigert eher ihre Schönheit, als dass er sie mindert. Ernst, fein und resolut hat der Naumburger Meister ihr Gesicht gestaltet. Sie trägt eine mit Edelsteinen besetzte Lilienkrone. Neben Uta steht selbstsicher und gelassen ihr Gemahl Ekkehard II., der Markgraf von Meißen.
Die Ausdrucksvielfalt der Bildhauerkunst ist auch bei den zehn weiteren Stifterfiguren zu bestaunen. Auf der Südseite begegnen dem Besucher Hermann von Meißen, der seinen Kopf zur Seite neigt mit einem Anflug von Melancholie, und seine wie im Gegensatz zu ihm dargestellte junge Gemahlin Reglindis, deren kesse Fröhlichkeit ansteckend wirkt.
Mit Hermann und Ekkehard stehen sich hier im Chor Brüder gegenüber, die Hauptstifter des Domes. Der Graf Dietmar von Selbold wird bis über das Kinn hinaus von einem großen Schild verdeckt, dessen Inschrift darauf hinweist, dass er erschlagen wurde. Der Naumburger Meister gab ihm auch ein Schwert in die Hand. In einer auf ihn ausgerichteten Figur wird Ludwig der Springer vermutet. Nachdenklich stimmt auch der zwischen Trauer und Groll schwankende Timo von Kistritz. Ekkehard II. soll den Mord an Timos Vater in Auftrag gegeben haben.

Dom und Altstadt Naumburg

Lettner des Naumburger Doms

Der stets kühle Chor mit den vier Frauen und acht Männern des Hochadels, die allesamt in Winterkleidung gehüllt sind, offenbart sich als ein theatralischer Schauraum. Anspielungsreich gibt die Inszenierung Auskunft über die schicksalshaften Verbindungen der dargestellten Personen.

Der geniale Naumburger Meister blieb anonym. Seine im 13. Jahrhundert geschaffenen Skulpturen aus Grillenburger Sandstein sind von so großer Lebendigkeit, dass sie die Zeit des Mittelalters, gewöhnlich als dunkel abgetan, in einem anderen Licht zu sehen erlauben.

Im Domschatzgewölbe, auf einer Fläche von 285 Quadratmetern, ergibt sich ein Nachhall der oberirdischen Pracht. Die Johannesschüssel aus dem 13. Jahrhundert, welche den Kopf Johannes des Täufers in ihrer Mitte zeigt, ist eine der ältesten in Europa existierenden Schalen dieser Art. Mit einem Geheimfach für Reliquien versehen, wurde sie vermutlich einst bei Prozessionen vorangetragen.

Zwischen dem Farbenspiel mittelalterlicher Altäre, vor reich illustrierten Handschriften und sakralen Plastiken trifft man durch ein Bildnis der Maria Magdalena Anmut und Schönheit wieder. Lucas Cranach der

Ältere malte sie als bezaubernde junge Frau und gab ihr ein kostbares Salbgefäß in die Hände.

Kloster und Landesschule Pforta (N 51° 08' 30.8" E 11° 44' 59.2")

Im romanischen Kreuzgang der einstmaligen Zisterzienserabtei Pforta versammeln sich an wärmeren Tagen Jugendliche, die an ihren Laptops arbeiten oder in den mitgebrachten Büchern lesen. Die Stimmen der Mädchen und Jungen mischen sich zu einem wohltönenden Vielklang in den Gängen des Spezialgymnasiums, das mit seiner besonderen Ausrichtung zur Musik begabte Schüler an diesem historischen Ort zusammenführt. Gehör- und Stimmbildung, Griechisch und Latein, Astronomie und Informatik stehen – neben für gymnasiale Ausbildung gängigen Fächern – auf dem Lehrplan.

Im 12. Jahrhundert entstand das der heiligen Jungfrau Maria geweihte Kloster an der Pforte, etwa vier Kilometer südwestlich vom Naumbur-

Klöppelberg bei Schulpforte

Platane im Schulpark

ger Dom entfernt. Ursprünglich aus Walkenried kommende Mönche, die ihr Anwesen in Schmölln verlassen hatten, pflanzten hier Obstbäume und aus Frankreich importierte Weinreblinge an die besonnten Berghänge. Noch heute gedeihen Reben auf dem 1141 von den Zisterziensern für den Weinbau ausgewählten Klöppelberg. Erfahren in den Techniken des Wasserbaus, waren sie auch im Saaletal wirksam, entwässerten sumpfiges Gelände, bauten ein Wehr und einen Damm gegen Hochwasser.

Im Zuge der Reformation wurde 1540 das Kloster geschlossen, doch die Anlage blieb nicht lange sich selbst überlassen. Schon drei Jahre später ließ der sächsische Herzog eine Fürsten- und Landesschule für Knaben auf dem klösterlichen Anwesen einrichten. Neben Pforta schuf man zu jener Zeit in Sachsen noch zwei weitere Bildungseinrichtungen dieser Ausprägung: Sankt Augustin in Grimma und Sankt Afra in Meißen. Der Schulbesuch wurde vom Fürsten gefördert und stand somit Jungen

Kreuzgang

aus den verschiedensten Bevölkerungsschichten offen. Man nannte jene Fürsten- und Landesschulen die leistungsstärksten im deutschsprachig-protestantischen Gebiet.
Dem Dichter Friedrich Gottlieb Klopstock und dem Philosophen Johann Gottlieb Fichte gab ihr Unterricht in Pforta vielfältige Anregungen – ebenso dem Philosophen Friedrich Nietzsche, welcher von 1858 bis 1864 die Schule besuchte. Er wusste Gutes über seine Ausbildung zu sagen und lobte die präzisen Methoden der Wissensvermittlung durch seine Lehrer.
Von der früheren Strenge des Internatlebens vergangener Jahrhunderte, einem Leben ähnlich wie in Klausur, erzählen sich die Jugendlichen in Schulpforte häufig. Traditionell wird immer noch anstelle einer elektrischen Klingel durch einen Keildienst die Glocke, etwa zur Ankündigung von Pausen, geläutet. Und Neuankömmlinge werden wie schon vorzeiten an der Klopstockquelle, einem Nebenarm der Saale, getauft

Gotische Totenleuchte auf dem Friedhof von Schulpforte

und nach der Neunerschwoof genannten Einweihungsfeier in den Pfortenser Schülerkreis aufgenommen.
Gerne isst man in dieser Gegend den goldgelben, an der Sonnenseite rotgefärbten Borsdorfer Apfel, eine Züchtung der Zisterziensermönche von Pforta, die 1239 erstmals Erwähnung fand. Beißt man in die saftige Frucht, schmeckt man die Würze von Wein und eine leichte Zimtnote.

Himmelreich und Kurpark Bad Kösen (N 51° 07' 04.7" E 11° 41' 51.7")

Die Blätter des Bergahorns rauschen auf der Anhöhe des Himmelreichs. Im gleichnamigen Wirtshaus angekommen, etwa 200 Meter über NN, öffnet sich für den Gast einer der schönsten Landschaftsbalkone Mitteldeutschlands. Unten im Tal fließt in der Form einer Schleife die Saale, Schafe weiden auf den satten, mit Löwenzahn, Gänseblümchen und Klee geschmückten Wiesen.
Auf den gegenüberliegenden Hängen, eingebettet in Waldflächen, grüßen die zwei romanischen und durch eine Schildmauer verbundenen Bergfriede der Burg Saaleck. Nicht weit davon entfernt erhebt sich die Rudelsburg, in welcher Franz Kugler in einer Sommernacht des Jahres 1826 den berühmten Liedtext „An der Saale hellem Strande / stehen Burgen stolz und kühn …" schrieb. Die Kunoklamm, eine tiefe Schlucht, tut sich zwischen den zwei durch ihren Muschelkalkstein hell leuchtenden Burganlagen auf.
An einem Tisch im Himmelreich über der Saale zu sitzen, mit Wasser oder vielleicht einem Wein vom etwa sechs Kilometer entfernten Landesweingut Kloster Pforta, und die Landschaft auf sich wirken zu lassen, ist ein einprägsames Vergnügen. Leicht und heiter steigt man dann den Berg hinab zum nur drei Kilometer entfernten Kurpark, wo im April die Magnolienblüte und im Mai die des Blauglockenbaums zum Spaziergang verlocken.
Hinter der Brücke, die sich über den Fluss spannt, steht auf einer Hochfläche das quer zur Hauptwindrichtung erbaute Gradierwerk. Die vor

Blick vom Himmelreich ins Saaletal

Gradierwerk Bad Kösen

Detail Gradierwerk

Saalewehr in Bad Kösen

dem zwanzig Meter hohen und 320 Meter langem technischen Denkmal aufgestellten Bänke sind von Kurgästen besetzt.
1731 nahm eine Saline hier den Betrieb auf. Von der einstmaligen Bedeutung des Salzes, das bis zur Erfindung der Kühltechnik wichtigstes Konservierungsmittel war, erzählen noch Legenden. Nach der Stilllegung 1859 dienten die erhaltenen Anlagen dem Kurbetrieb.
Das historische Salzwerk von Bad Kösen – der Schacht, das Wasserrad für die Energieerzeugung, ein etwa 200 Meter langes, energieübertragendes Doppelfeldgestänge aus Holz, schließlich das Gradierwerk – ist ein einzigartiges Schaubeispiel der früher weitverbreiteten Soleförderung.
Immer noch wird Salzwasser zum Gradierwerk gefördert und an dem mit Schwarzdornzweigen ausgefachten Holzgestell verrieselt, die Dornoberflächen ermöglichen feinste Verstäubung der Sole. Spaziergänger auf der Loreleypromenade oder an lauschigen Plätzen des Parks können sich die salzhaltige Luft, für die man gewöhnlich ans Meer fährt, durch den Wind zufächeln lassen.

Kloster und Kaiserpfalz Memleben (N 51° 15' 57.2" E 11° 29' 49.0")

Mild und von der Heumahd mit süßem Duft angereichert, geht der Wind über die Flussniederung. Die bewaldeten Höhen entlang der Unstrut werden von Burganlagen aus altersdunklem Kalkstein und Porphyr beherrscht. Nahe dem Ufer sind die hellgrünen Wiesen nun mit großen runden Futterballen belegt und ein paar Greifvögel ziehen kleiner werdende Kreise am Himmel auf der Suche nach ihrem Teil an der Ernte.
Die vom Sonnenlicht gewärmten Ortschaften entlang des nur wenige Meter breiten und ruhig dahinfließenden Gewässers scheinen zu träumen. Man spürt als Betrachter, dass es eher ein stiller Wunsch ist, welcher die kleine überschaubare Welt durch die Strömung der Zeit lenkt, als die lautstarken Einflüsse der Gegenwart. Und vielleicht ist es diese ganz eigene Zeitlosigkeit, welche den Zauber des Unstruttals bei Memleben ausmacht.

Im Klostergarten

Krypta der Klosterkirche Memleben

Ganz unmittelbar regt sich die eigene Vorstellungskraft. Im Besucher hallt das Leben im einst bewunderten Kloster nach, obwohl dies seit Jahrhunderten aufgegeben und vergangen ist. Selbst die für die Forscher schwer auffindbare Pfalz verleiht dem Ort imaginären Glanz. Fast meint man, den eilig reisenden Tross zu vernehmen, der den ostfränkischen König Heinrich I. einst nach Memleben brachte.

Auf einer Jagd im Harz schwer erkrankt, kreiste die königliche Sorge vor allem darum, die Nachfolge durch seinen Sohn Otto auf der Reichsversammlung in Erfurt zu regeln und nach Memleben zu kommen, bevor ihn der Tod ereilt. Beides gelang ihm. Er starb am 2. Juli 936. Dass König Heinrich in einer Burg an der Grenze der Thüringer und Sachsen namens Memleben den Tod gefunden hatte, berichtete wenig später der Chronist Luitprand von Cremona.

Otto I. ließ den Vater nach Quedlinburg bringen und im Vorgängerbau der heutigen Stiftskirche auf dem Schlossberg beisetzen. Auch ihn selbst zog Memleben immer wieder an, Urkunden belegen etliche Aufenthalte. Vor dem Pfingstfest des Jahres 973 kam er zum letzten Mal hierher, wie schon sein Vater vor ihm, um dem Tod zu begegnen. Die Siedlung im Unstruttal galt seither als Ort des stillen Andenkens, und das von Otto II. gegründete Benediktinerkloster gedieh und gewann großes Ansehen.

Sich wandelnde kaiserliche Interessen und letztlich die Plünderung während des Bauernkriegs führten zum Niedergang und der Aufhebung des Klosters im Jahr 1548. Der sächsische Kurfürst zog die Güter ein und machte sie der neuen Landesschule Pforta zum Geschenk.

Von Spitzbogen geschmückte Wände, die Krypta eines im 13. Jahrhundert vollendeten kleineren Kirchenbaus, der gepflasterte Gebäudegrundriss der monumentalen Kirche aus dem 10. Jahrhundert, die Klausurräume mit Ausstellungen über das Leben der Benediktiner und die mittelalterliche Buchherstellung sowie ein reizvoller Klostergarten bieten jedoch Gelegenheit, auf Entdeckungsreise zu gehen und für sich Memleben in seiner einstmaligen Gestalt und Bedeutung wachzurufen.

Hügelgräber am Eichberg (N 51° 15' 51.0" E 11° 30' 17.7")

Bis in die rätselvolle Frühgeschichte dringt vor, wer sich an der Unstrut auf den Weg nach Wangen und Nebra begibt. Ein geheimnisumwitterter Schatzfund rief 2002 der Welt die alte Kulturlandschaft ins Gedächtnis zurück: die Himmelsscheibe von Nebra. Längst lockt das bronzezeitliche Artefakt Tausende Besucher jedes Jahr nach Halle an der Saale, wo es im Landesmuseum für Vorgeschichte aufbewahrt wird. Oder man begibt sich nach Wangen zur „Arche Nebra", lernt zu verstehen, wie mit der goldverzierten Bronzescheibe in der Frühzeit Kalenderdaten festgelegt sowie Sonnen- und Mondkalender verbunden werden konnten, und ersteigt dann den Fundort auf dem 252 Meter hohen Mittelberg.

Aber auch die schützenswerte seltene Vielfalt der Pflanzen und Tiere verleiht der Region Besonderheit. Huteichen, Linden- und Hainbuchen säumen die Felder. Weingärten und wildkräuterbestandene Trocken-

Wald am Eichberg

Hügelgrab

Unstrut

und Halbtrockenrasen wechseln mit blühfreudigen Obstwiesen ab. Das Weiße und Rote Waldvögelein, welche zur Familie der Orchideen zählen, auch das Zweiblatt, Mannsknabenkraut oder die Waldhyazinthe finden im beschatteten Unterwuchs ihren Platz. Der aromatisch duftende Gelbe Günsel oder das mit kleinen Stacheln bewehrte Dreihörnige Labkraut bevorzugen dagegen offene, nicht allzu steile Hanglagen.
Auf der südlich der Unstrut gelegenen Talflanke erreicht der Eichberg hinter Memleben eine Höhe von 223 Metern über NN. Er liegt dem Mittelberg, der sich am nördlichen Talrand befindet, gegenüber. Den Forst hier sowie den bei Ziegelroda und Wolmirstedt durchziehen bronzezeitliche Gräberstätten. Die Gegend gilt als eine der größten prähistorischen Begräbnisfelder in Europa. Archäologen erforschten 2005 eines der Monumente am Eichberg und legten eine über 4 200 Jahre alte Grabkammer aus der Jungsteinzeit frei.
Erneut sprach man von einem Sensationsfund. Bereits am Eingang stießen die Wissenschaftler auf das Skelett eines Türwächters. In der großen

Hauptkammer entdeckte man den im Kreis um einen Fürsten beerdigten Hofstaat. Die Mitglieder des einstigen Fürstenhofes waren erschlagen worden, bevor man sie zu ihrem Herren bettete, darunter auch drei Kinder. Bei einem zehnjährigen Mädchen lagen spiralförmig gedrehte Bronzeohrringe. Dem verstorbenen Fürsten selbst hatte man wertvolle Beigaben auf seine letzte Reise mitgegeben.
Der empfohlene Ausgangspunkt für die zwei- bis dreistündige Wanderung dorthin ist das Memlebener Kloster. Folgt man dem „Archäologischen Lehrpfad", erschließt sich die abwechslungsvolle Geschichte der Menschen und Landschaft im Saale-Unstrut-Trias-Gebiet von der Jungsteinzeit bis zum Mittelalter. Naturbelassene Hohlwege und alte Meilerplätze laden zum Durchstreifen ein und die Hügelgräber geben dem Verweilenden zur Besinnung Anlass. Wer schon im Frühjahr den Besuch unternimmt, der sollte anschließend das bewaldete Märzenbechertal bei Ziegelroda nicht versäumen, mit seinem Rausch an weißen Blüten, den intensiven Tupfen Blau der Leberblümchen und der Waldveilchen oder dem satten Gelb der Gelben Anemone. Reist man ein wenig später im Jahr, ist auch die Adonisröschenblüte auf dem Querfurter Galgenberg voller Reiz. Bei genügend Sonne kann der geduldige Gast sogar das Öffnen der Blütenköpfe betrachten.

Burg Querfurt (N 51° 22' 34.3" E 11° 35' 38.8")

Unweit von Kirschplantagen, durch ihre drei Bergfriede eine unverwechselbare Silhouette bildend, steht die Burg Querfurt, das größte Bauwerk an der Straße der Romanik, über einem Steilhang. Das Erinnern von Filmszenen begleitet den Aufstieg, denn ihre historischen Gemäuer und Gemächer waren Drehorte für „Die Päpstin" und andere Filmproduktionen. So breitete sich auch der Zauber von Märchenfilmen wie „Die zertanzten Schuhe" und „Jorinde und Joringel" auf dem Burggelände aus. Hier gelang Joringel die Flucht nach dem Diebstahl der wundersamen roten Blume, welche die in eine Nachtigall verwandelte Jorinde befreien half.

Blick auf Burganlage

Die Burg am Quernetal, welche die Herren von Querfurt im 10. Jahrhundert zu ihrem Stammsitz ausbauten, entstand auf dem Terrain einer befestigten Siedlung. Um das Jahr 899 wurde sie „Curnfurdeburg" genannt. Vermutlich existierte an diesem Ort bereits um 780 ein Verwaltungssitz der Karolinger.
In der romanischen Burgkirche, in einer zur Zeit der Gotik angebauten Kapelle, befindet sich ein seltenes Kunstwerk: die im 14. Jahrhundert entstandene Tumba von Gebhard XIV. von Querfurt. Auf der Deckplatte des tischhohen Sockels erblickt man eine Liegeplastik des Burggrafen, der einen Hut mit umgeschlagener Krempe auf dem Kopf, einen langen Umhang und einen Kettenpanzer trägt. In seinen Händen hält er den Helm, das Wappenschild und ein bis zu den Füßen reichendes Schwert. Vor allem fällt die Haltung der Beine und die ungewöhnliche Fußstellung an der Skulptur auf. Nach längerem Betrachten wird erkennbar, dass die Liegefigur in schreitender Haltung ausgeführt ist. Bei günstigem Lichteinfall schimmern einige Stellen der Rüstung noch golden; die metallvorgebenden Teile waren einstmals mit Blattgold überzogen. Farbreste an der Plastik erzählen von ihrer ehemaligen Polychromie.

Romanische Burgkirche Querfurt

Neben der großen Feinheit und dem Ausdrucksreichtum der Darstellung des Burgherren – von der detaillierten Ornamentik der Gürtelmitte bis hin zu den Augenfältchen – erregen die Reliefs der Längsseiten des Unterbaus der Tumba gleichermaßen Aufmerksamkeit. Weltliche und geistliche Personen bilden darauf einen Klagezug. Auffällig sind ihre spitzen Schnabelschuhe, von deren übergroßen Längenmaßen man auf den Stand der jeweiligen Person schließen kann. Mit erhobenen Händen dargestellt, tragen die Trauernden die Bahre des Verstorbenen in Richtung Osten, hin zum Altar. Die Stirnseiten zeigen stark gestikulierende Bischöfe mit ihren Assistenten und mit einem Narren.
An manchen Frühabenden wirft der Dicke Heinrich, der älteste der drei Bergfriede seinen Schatten ins Kircheninnere. Der Rundturm ist 27,5 Meter hoch. Im 13. Jahrhundert wurde der später aufgestockte, viereckige Marterturm errichtet, welcher als Wohnstatt diente, worauf Reste mittelalterlicher Wandmalereien und ein Kamin im Inneren hindeuten. Eine barocke Haube krönt den Pariser Turm. Mit 57 Metern ist er der höchste der Bergfriede. Von seinem Aussichtspunkt sieht man die mächtige Burg mit ihren Ringmauern, Gebäuden und nachmittelalter-

lichen Befestigungen reizvoll verkleinert. Und der Blick kann in das Tal wandern, das von der Querne leise murmelnd durchflossen wird und in dem Einwohner der Stadt Querfurt in ihren Gärten ausruhen.

Questenberg und Queste (N 51° 29' 25.7" E 11° 07' 19.6")

Sobald sich der Wald um das enggeschnittene Tal vor Questenberg öffnet, wird es spürbar kühler. Etliche Grad Celsius kann der Temperaturunterschied zwischen dem Umland und den tieferen Ortslagen betragen, sagen die Einheimischen. Zum einen, weil die Sonne erst spät über den steilen Grat des Durchbruchtals der Nasse gelangt und es am Ende des Nachmittags schon wieder verlässt. Andererseits birgt die Gipskarstlandschaft Questenbergs viele Besonderheiten, von denen schon die berühmte „Topographia Superioris Saxoniae“ des Matthäus Merian aus dem Jahr 1650 berichtet: „Etwan ein guten Büchsen Schuß / unterhalb dem Dorff / gegen dem alten Berg-Schloß vber / ist eine grosse /

Detail Streuobstwiese

Kleiner Fuchs

Queste

vnd geraume / nicht allzu tieff vnter sich in einen Felsen gehende Höle / das Eißloch genant / weil Sommerszeit / je heisser die Sonne scheinet / je härter es drinnen gefrieret / auch zu weilen recht schneyet: hergegen / je Kälter es im Winter heraussen / je heisser es in der Höle ist / daß es auch einen Schwaden gibt / wie in einer Badstuben. Vnd ist das gantze Gebürge / vnd die Felsen / vmb diese Questenburg mehrentheils hol / vnd voller Löcher / gleich wie außgehawene Fenster."

Beschrieben werden damit die Phänomene der Questenhöhle – von den Einwohnern der kleinen Ortschaft wird sie auch das Heckersloch genannt. Wer winters unterhalb des Hanges entlanggeht, auf welchem die Queste jährlich zu Pfingsten neu errichtet wird, kann sich dem Bann des unter ihr im Frost dampfenden Bergrückens kaum entziehen. Vielerlei Vermutungen ranken sich um die Herkunft der Queste, welche aus einem Eichenstamm und einem daran befestigten Laubkranz besteht. Aber ob die Menschen aus Freude über die wiedergefundene Tochter eines vormaligen Burgherrn oder um an einen noch älteren Brauch zu erinnern das Questenfest feiern, ist ungewiss. Nicht minder rätselvoll sind die bemerkenswerten Erscheinungen im Karstgebiet selbst, die

Mauerreste der Questenburg

plötzlichen Einbrüche des Untergrunds, Trichter, Bachschwinden und Quellen sowie ein episodischer See.
Bergahorn, Eschen, Buchen und Traubeneichen grünen in den Waldgebieten um Questenberg; Waldmeister, Seggen und Hainbinsen bedecken den Boden. Südlich des Ortes trifft man auf trockenen Lagen Blaugras und violett blühende Kreuzblümchen. Auf Streuobstwiesen gedeihen Süßgräser wie Furchenschwingel und Fieder-Zwenke sowie der zur Familie der Rosengewächse zählende Ackerfrauenmantel mit seinem gelblich-grünen Blütenknäuel. Man findet zwischen den Abhängen und Felskuppen des Karsts den Hirschzungenfarn, vielerlei Pilze und besonders schützenswerte Arten wie den Gefleckten Aronstab oder den betörend blauen Fransenenzian. Auch die zur Abendzeit intensiv ihren Duft verströmende Türkenbundlilie, vom Volksmund gerne als Goldapfel, Goldknopf oder Goldwurz bezeichnet, wächst hier. Mithilfe ihrer goldgelben Zwiebel glaubten Alchemisten einst, unedles Metall in Gold verwandeln zu können.

Königspfalz Tilleda (N 51° 25' 07.9" E 11° 08' 03.1")

Zwischen dem Kyffhäusergebirge und den waldreichen Ausläufern des Südharzes beginnt die fruchtbare Niederung der Goldenen Aue. Eine Urkunde des Klosters Walkenried nennt ihren vielversprechenden Namen zum ersten Mal. Die Zisterziensermönche begannen im 12. Jahrhundert das Gebiet urbar zu machen. Sie legten einen Klosterhof an, der erst „Ow“ und später „Güldene Aue“ hieß. Bereits hundert Jahre später galt diese Bezeichnung für die gesamte Gegend, welche mit der Unterstützung flämischer Siedler kultiviert wurde. Martin Luther überlieferte, dass der im Jahr 1494 von einer Pilgerfahrt zurückgekehrte Graf von Stolberg sich gar hinreißen ließ zu sagen: „Er nehme lieber sein Land, die Güldene Aue genannt, und wollte einem andern das Gelobte Land lassen.“
Hier, auf der Kuppe des Pfingstbergs und dem Kyffhäuserburgberg gegenüber, liegt die Königspfalz Tilleda. Die in der gleichnamigen Ort-

Zangentor und Museumshäuser

Blick auf den Kyffhäuser

schaft über den Hang hingestreckte mittelalterliche Residenz soll bei einer Ansiedlung entstanden sein, die bereits im 7. Jahrhundert existierte. Archäologischen Funden zufolge lebten schon damals wohlbegüterte Personen auf dem Pfingstberg. Bisher ist die Königspfalz die einzige vollständig ausgegrabene Anlage und wird als bedeutendes Beispiel solcherart Herrschersitze betrachtet.

Im Jahr 972 wurde der „kaiserliche Hof" von Otto II. seiner Frau Theophanu als Witwengut zugeeignet. Urkunden verschiedener ottonischer und salischer Kaiser gaben zwischen 974 und 1042 „Tullide" – gemeint ist Tilleda – als ihren Ausstellungsort an. Im Lauf des 11. Jahrhunderts büßte die Pfalz als Wehr- und Verteidigungsanlage an Bedeutung ein. Diese Aufgabe übernahmen neuere Burgbauten auf dem Kyffhäuser. Das königliche Gut selbst wurde jedoch bis ins 12. Jahrhundert erweitert und ausgebaut. So errichtete man zum Beispiel eine in ihrer Zeit hochmoderne Tuchmacherei.

Gegen die aufbegehrenden oberitalienischen Städte, vor allem aber das ohne seine Zustimmung gegründete Alessandria, versammelte Kaiser Friedrich I., den die Italiener wegen seines rötlichen Bartes auch Barbarossa nannten, 1174 am Pfingstberg eine Heerschar. Heinrich der Löwe, der dem Kaiser auf diesem Feldzug nicht beistehen wollte, büßte infolgedessen all seine Ehren ein und musste nach England ins Exil. Erst 20 Jahre später war der Nachfolger Barbarossas Heinrich VI. bereit, sich in Tilleda mit Heinrich dem Löwen zu versöhnen und dadurch den lange schwelenden Streit zwischen Staufern und Welfen beizulegen. Nach diesem Ereignis breitete sich Schweigen über die Pfalz. Sie wurde in den schriftlichen Quellen nicht wieder erwähnt. Funde legen nahe, dass die Anlage zum Ende des 12. Jahrhunderts aufgegeben wurde.

Die Anmut ihrer Umgebung regt jedoch bis heute viele zum Verweilen an. Und wer das Freilichtmuseum Königspfalz Tilleda besucht, kann sich in der waidgerechten Jagd mit Pfeil und Bogen und beim ritterlichen Turnier erproben. Auch werden Einblicke gewährt in das frühere Textilhandwerk, die Musik, Bau- und Schriftkunst des Mittelalters. Oder es gibt eine Kirschsuppe nach alter Rezeptur zu kosten, welche man in einem großen dreibeinigen Kessel zuvor angerührt hat.

Quellenverzeichnis

Behrens, Heinz A. (Hrsg.): Zwischen Herrschaftsanspruch und Schuldendienst. Beiträge zur Geschichte der Grafschaft Regenstein, Jena 2004.

Bellmann, Heiko: Der neue Kosmos Schmetterlingsführer: Schmetterlinge, Raupen und Futterpflanzen, Stuttgart 2009.

Bollmann, Henrik: Schlösser und Burgen in Sachsen-Anhalt, Halle 2010.

Brandl, Heiko/Forster, Christian: Der Dom zu Magdeburg. Band 1 und 2, Regensburg 2011.

Dehio, Georg: Handbuch der Deutschen Kunstdenkmäler Sachsen-Anhalt. Band I: Regierungsbezirk Magdeburg, München 2002.

Dehio, Georg: Handbuch der deutschen Kunstdenkmäler Sachsen-Anhalt. Band II: Regierungsbezirke Dessau und Halle, München 1999.

Eco, Umberto: Die Geschichte der Schönheit, München 2012.

Fickenscher, Klaus: Der Schatz im Brunnen: Aus der Sagenwelt Sachsen-Anhalts, Halle 1991.

Gerig, Uwe: Der Harz. Die 99 besonderen Seiten der Region, Halle 2014.

Goethe, Johann Wolfgang von: Faust, Teil 1 (www.digbib.org/Johann_Wolfgang_von_Goethe_1749/Faust_I).

Grimm, Jacob und Wilhelm: Deutsche Sagen, Frankfurt am Main 1994.
- Deutsche Sagen (http://gutenberg.spiegel.de/autor/bruder-grimm-220), München 1981.
- Deutsches Wörterbuch (http://woerterbuchnetz.de/DWB), Trier 2015.

Hartmann, Wilfried: Deutsche Geschichte in Quellen und Darstellung. Band 1: Frühes und hohes Mittelalter 750 bis 1250, Stuttgart 1995.

Heines Werke in fünf Bänden. Zweiter Band, Berlin und Weimar 1974.

Kunde, Holger/John, Uwe: Der Naumburger Domschatz: Sakrale Kostbarkeiten im Domschatzgewölbe, Petersberg 2006.

Küster, Hansjörg/Hoppe, Ansgar: Das Gartenreich Dessau-Wörlitz, Landschaft und Geschichte, München 2010.

Landeshauptarchiv Sachsen Anhalt: Anhaltische Schlösser in Geschichte und Kunst, Bindlach 1994.

Merian, Matthäus/Zeiller, Martin: Topographia Superioris Saxoniae, Frankfurt am Main 1650.

Mrusek, Hans-Joachim: Romanik, Leipzig 1972.

Müller, Rainer A./Moeglin, Jean-Marie: Deutsche Geschichte in Quellen und Darstellung. Band 2: Spätmittelalter 1250 bis 1495, Stuttgart 2000.

Novalis, Werke in einem Band, Berlin und Weimar 1983.

Otmar (Nachtigal, Johann Karl Christoph): Volcks-Sagen, Bremen 1800.

Pantenius, Michael: Sachsen-Anhalt, Halle 2015.

Pröhle, Heinrich: Harzsagen (http://gutenberg.spiegel.de/buch/harzsagen-erster-band-6329/1), Leipzig 1859.

Schultze-Galléra, Dr. S. Baron von: Die Sagen der Stadt Halle und des Saalkreises, Verlag Wilhelm Hendrichs, Halle 1922.
– Topographie oder Häuser- und Straßen-Geschichte der Stadt Halle a. d. Saale, 2. Band, Teil 2, Halle 1923; 3. Band, Halle 1924.
Schulze-Thulin, Britta: Großsteingräber und Menhire, Halle 2011.
Siebert, Guido/Ludwig, Matthias: Der Westchor des Naumburger Doms, Petersberg 2012.
Spohn, Margot: Was blüht denn da, Stuttgart 2015.
Toman, Rolf: Romanik, Potsdam 2004.
Walz, Josef: Der Harz. Kunst-Reiseführer, Ostfildern 1999.
Wolff, Bernd: Sagenspiegel des Harzes, Wernigerode 1997.
Zschoche, Herrmann: Caspar David Friedrich im Harz, Dresden 2008.

http://burg-querfurt.de
www.3sat.de
www.baumkunde.de
www.daserste.de
www.der-woerlitzer-park.de
www.die-domschaetze.de
www.dome-schloesser.de
www.duh.de
www.familie-von-alvensleben.de
www.geo.de
www.google.de/maps
www.goethe-theater-bad-lauchstaedt.de
www.goslar.de
www.gottfried-august-buerger-molmerswende.de
www.gradierwerk-bad-koesen.de
www.halberstadt.de
www.harzer-hoehlen.de
www.harzlife.de
www.harzer-weingut.de
www.himmelswege.de
www.hoehlenwohnungen-langenstein.de
www.hsb-wr.de
www.ilsenburg.de
www.kirche-merseburg.de
www.kloster-jerichow.de
www.kloster-memleben.de
www.kloster-walkenried.de
www.konradsburg.com
www.kupferschiefer.de
www.kyffnet.de
www.landesschule-pforta.de

www.lau.sachsen-anhalt.de
www.lvwa-natur.sachsenanhalt.de
www.magdeburgerdom.de
www.merseburger-dom.de
www.mineralienatlas.de
www.munchhausen.org
www.mz-web.de
www.naturpark-saale-unstrut.de
www.ndr.de
www.novalis-gesellschaft.de
www.n-tv.de
www.pfalz-tilleda.de
www.quedlinburg.de
www.querfurt.de
www.radiohbw.de
www.rammelsberg.de
www.saalekreis.de
www.sachsen-anhalt-wiki.de
www.schloss-hundisburg.de
www.schloss-neuenburg.de
www.sonnenobservatorium-goseck.info
www.spektrum.de
www.stadt-landsberg.de
www.stern.de
www.stiftung-schulpforta.de
www.tangermuende.de
www.vereinigtedomstifter.de
www.youtube.com

Wikipedia. Die freie Enzyklopädie

Mit herzlichem Dank an alle Gesprächspartner, Einrichtungen und Institutionen für ihre freundliche Unterstützung.

Der Autor und Fotograf Peter Traub studierte an der Hochschule für Schauspielkunst Berlin/Theater Bautzen und am Literaturinstitut Leipzig. Er lebt und arbeitet in Leipzig. Im Mitteldeutschen Verlag sind von ihm erschienen: „Ein Spaziergang an der Saale“ (2014), „World's Lost Places“ (2014), „Leidenschaft und schöne Dinge. Handwerk in Sachsen-Anhalt“ (2016).

Bibliografische Information der Deutschen Nationalbibliothek
Die Deutsche Nationalbibliothek registriert diese Publikation in der Deutschen Nationalbibliografie; detaillierte bibliografische Daten im Internet unter http://d-nb.de.

Gesamtherstellung: Mitteldeutscher Verlag, Halle (Saale)
Karten: Anneli Nau (www.nau-kartographik.de)

ISBN 978-3-95462-608-3

Printed in the EU